Trece secretos para PAREJAS que desean construir un NEGOCIO EN CASA

Chuck and Aprill Jones

Trece secretos para parejas que desean construir un negocio en casa

Por Chuck y Aprill Jones

ISBN: 978-1-64142-016-7

Produced by
Editorial RENUEVO LLC
EditorialRenuevo.com
info@EditorialRenuevo.com

Dedicado a ustedes, las parejas.

Que **Trece secretos para parejas que desean construir un negocio en casa** les inspire y aliente para construir su propio negocio en el hogar.

Que les permita trabajar mejor juntos; incluso, quizá, como familia para servir a otros, mientras enriquecen su matrimonio y vida en casa. Que les ayude a lograr el éxito y la felicidad que tanto desean … mientras logran una gran diferencia.

Bienvenidos

Nuestro preciado sueño se hizo realidad

Después de todo—¡Nos unimos en matrimonio para estar juntos!

Cuando tuvimos la idea, por primera vez, de escribir un libro acerca de cómo pueden las parejas comenzar, construir y operar con éxito un negocio juntos, específicamente uno desde el hogar, ambos nos hicimos esta pregunta...

¿Cómo puede nuestra experiencia como pareja que eligió construir un negocio juntos ayudar a otras parejas; a aquéllas que ya están manejando uno juntos o a las parejas que apenas estén comenzando a pensar en la posibilidad de hacerlo?

Reflexionando en el pasado, consideramos lo siguiente:

- Hemos estado casados por más de 25 años y este es el único matrimonio para los dos.

- Disfrutamos de un compromiso pleno y total el uno al otro y mantenemos de forma sagrada el no afectarlo en ningún momento, de ninguna forma y para ningún propósito.

- Deseábamos que nuestra relación fuera más integral y comprometida que ninguna otra relación.

Deseábamos más que una relación por las noches y entre hacer diligencias o de fines de semana que la mayoría de las parejas tiene, si es eso.

- Finalmente, y sobre todo lo demás, creemos en la institución del matrimonio como la mejor forma de llevar nuestras vidas.

En definitiva, estamos felizmente casados y siempre ha sido así. El tremendo nivel de felicidad y gozo que hemos experimentado por más de 20 años es un resultado directo de iniciar, construir, sostener y nutrir nuestro propio negocio en el hogar juntos.

Nos unimos en matrimonio para estar juntos ... pero nuestros empleos nos mantenían separados. Al no gustarnos mucho la situación, descubrimos que manejar un negocio juntos, en casa, era la mejor manera de mejorar nuestro matrimonio, incrementar nuestra dicha y lograr éxito día tras día.

En el trayecto, hemos fracasado en algunas cosas, hemos aprendido un par de cosas y hemos logrado mucho éxito.

Después de dar un paso atrás y observarlo todo, decidimos que hay partes de información que serían aplicables para cualquier pareja, ya sea considerando trabajar o ya trabajando juntos como equipo de negocio de marido y mujer.

Cuando ustedes comienzan a construir su propio negocio en casa o se hacen más activos y productivos en el que ya tienen, creemos que serán ricamente recompensados ... siempre y cuando persistan.

1

¿Es que no hay nada mejor que esto?

Su matrimonio puede ser más feliz y más gratificante que nunca

Tarde o temprano, tu cónyuge y tú pueden despertar una mañana, mirarse el uno al otro y preguntarse: «Cuando nos casamos, ¿pensaste que iba a ser así?» O como un actor en una película exitosa una vez lo expresó: «¿Es que no hay nada mejor que esto?»

Desafortunadamente, esto no es lo peor de ello. Hoy, la mayoría de las familias son familias de dos ingresos, lo que puede significar el doble de problemas. Muchas parejas pasan su tiempo libre llevando a los niños de ida y vuelta a la banda, deportes y otras actividades o quizá, le piden a amigos y familiares que lo hagan por ellos.

Preparan y comen cenas rápidas o compran comida rápida del restaurante más cercano, con una gran cantidad de calorías y colesterol. Andan corriendo para hacer la tarea, cortar el pasto, lavar la ropa, bañar a los niños, hacer los almuerzos y hornear tres docenas de pastelitos para la reunión de las niñas scouts, a limpiar la casa o el garaje. Ustedes pueden hacer su propia lista.

Y en lo que debería ser el final del día de trabajo, frecuentemente, brincan de nuevo a la acción, leyendo y respondiendo textos y correos electrónicos una última vez, antes de que colapsen en su cama—demasiado cansados para intimar, leer o incluso platicar. ¿Su recompensa? Es volver a hacer todo de nuevo mañana. Es un escenario común y corriente. Solo piénsenlo por un momento. ¿Cómo es la rutina de ustedes?

La persona promedio que trabaja para la corporación típica pasa entre 45 y 60 horas a la semana trabajando y desplazándose. Teniendo en cuenta unas generosas vacaciones de cuatro semanas, las cuales la mayoría de la gente no obtiene, eso se traduce a 12 semanas de trabajo por cada semana de descanso—en el mejor de los casos.

Si la misma persona trabaja 48 horas cada semana por todo el año, él o ella pasan seis horas cada día entre semana y 16 horas cada fin de semana, con su cónyuge e hijos. Eso significa que podrán disfrutar solo cuatro meses de tiempo familiar de cada 12. La mayoría de la gente pasa solo una tercera parte de su tiempo con familia. Pasan dos veces la cantidad de tiempo en el trabajo que el que pasan con su cónyuge o familia.

Para bien o para mal … «En presencia o en ausencia» ¿Qué significa eso?

Eso no es lo que la mayoría de nosotros pensamos cuando respondimos: «Acepto». Simplemente, deseábamos estar juntos … no separados. No quisimos pasar la mayoría de nuestro tiempo apartados, con empleos distintos como la mayoría de otras parejas que conocíamos. No obstante, eso fue exactamente lo que pasó.

Nuestros amigos casados, esencialmente, llevaban vidas diferentes. Trabajando cada uno en diferentes empleos, no les era posible saber por lo que cada uno tenía que lidiar durante el día. Hace veintidós años, nos cansamos de vivir así. Para Chuck hubo un solo momento que definió su búsqueda hacia una nueva dirección. Algunos podrían decir que fue un destello de genialidad, mientras que otros lo llamarían locura. ¡Nosotros sabemos lo que realmente fue—una comprensión deslumbrante de la verdad! Cuando las parejas trabajan juntas, pueden ayudarse el uno al otro con los retos y celebrar las victorias juntos. También tendrán los mismos amigos y estarán allí para sus hijos.

La historia de Chuck

Ocurrió una noche, mientras conducía a casa después de otro largo día en la oficina. Quién sabe porque, pero comencé a hacer una evaluación rápida de vida.

- Tengo 30 años.

- Tengo una hermosa y encantadora esposa a la que amo con todo mi corazón.

- Tengo un lindo hogar en un clima que amamos.

- Vivo a dos horas de las montañas Apalaches meridionales y a tres horas de la costa del Atlántico.

- Tengo un perro muy gracioso que se llama Elmo y siempre está listo para jugar.

- Tengo cuatro guitarras y un piano.

- Pertenezco a una iglesia activa, involucrada en más buenos trabajos de los que pueda mencionar.

- Y … virtualmente, no tengo el tiempo de disfrutar nada de eso.

Estaba en casa antes de saberlo, después de haber tenido una de esas experiencias de manejo aterradoras ¡cuando no recuerdas nada acerca del viaje! Solo estás allí de repente. Era así de duro como pensaba en el estado de mi vida.

Aprill y yo pronto celebraríamos nuestro 9° aniversario y ya se había hecho común para nosotros pasar solo una o dos horas al día juntos. Estas eran horas de sobrantes—las que están llenas de bostezos, suspiros y miradas vidriosas. Era prácticamente todo lo que me quedaba después de 14 a 16 horas de un día de trabajo. Algunas semanas eran incluso peor, con dos o tres días de viajes nocturnos.

Debido a que el empleo de Aprill era de 8:30 a.m. a 5:30 p.m., pasaba horas y horas sola. La mayoría de los días despertaba después de que yo ya me había ido a trabajar y llegaba a casa antes que yo cada noche.

El tiempo de la cena nunca era constante. Predecir cuándo llegaría yo a casa era imposible. Algunas noches eran las 7:00 p.m., otras las 9:00 p.m. Algunas veces, llamaba a las 7:00 para decir que iba en camino, solo para ser atrapado en la puerta de la oficina para una plática imprevista de una hora, haciéndome llegar tarde de nuevo.

Para Aprill, su mayor frustración era que había perdido el control de su vida diaria.

La historia de Aprill

Aunque no era perfecto, tenía un empleo decente. Era lo suficiente para motivarme a levantarme cada mañana, darme un baño, vestirme, apretar mis pies en esas zapatillas, soportar dolor de espalda baja por el desplazamiento y sonreír el día de pago.

No obstante, las cosas podrían haber sido mejor— mucho mejor. Hubiera sido lindo haber tenido más horas flexibles, la libertad de hacer mi propio horario. Así podría ir a las compras de la comida en algún momento, en lugar de cuando la tienda estaba llena con otros como yo que momentáneamente estaban fuera de sus «jaulas».

Aunque mi jefe era un hombre gentil, no lo quería tanto a cargo de mi vida, pero lo estaba. Cuando acepté tomar el trabajo, renuncié al control de las horas de mi día cuando me sentía más energética y productiva. Todo lo que me quedaba para Chuck o para mi eran los remanentes de mi energía gastada.

A medida que el ritmo parecía hacerse más y más caótico, no podía evitar sentir que seguramente debía haber más de la vida que trabajar y ahorrar para el retiro.

Me vi sintiendo envidia, algunas veces, de mis amigas que eran madres que se quedaban en casa, hasta que me di cuenta de que no era mucho mejor para ellas. Tampoco tenían una situación perfecta. Sin embargo, desde mi punto de vista, al menos podían usar zapatos deportivos durante el día, cada día de la semana y no tenían que pagar por el cuidado de niños.

Por supuesto, muchas se quejaban de que apenas podían interactuar con adultos, nunca tenían una razón para dejar de comer entre comidas y nunca tenían dinero extra. ¿Pero cómo podrían, alguna vez, encontrar una situación de trabajo que les permitiera construir un horario alrededor de «mañana libre de mamá» y citas con el pediatra? El tirón del mundo real era fuerte para estas madres y muchas de mis amigas no sabían por cuánto tiempo más podrían esperar por la situación «perfecta».

> **«...nadie en su lecho de muerte diría nunca: "Ojalá hubiera pasado más tiempo en el trabajo"».**

Independientemente, llegué a estar de acuerdo con Chuck. Esto no era como se suponía que debía ser. No era nuestra definición de «felices para siempre».

Nos casamos para bien o para mal, en la riqueza y en la pobreza, en la enfermedad y en la salud. No nos unimos en matrimonio para presencia o ausencia. En esencia, nos casamos para pasar nuestra vida juntos, para no apartarnos. Simplemente, no nos habíamos dado cuenta de que la búsqueda separada y divergente de nuestras carreras individuales nos separaría tanto.

No malentiendan—ya teníamos nueve años de un matrimonio lleno de amor. Habíamos viajado mucho y nos vinculaban algunos intereses comunes. Reíamos mucho, teníamos una buena red de amigos y nos

gustaban nuestras posiciones de mucho futuro en nuestras respectivas compañías. El futuro se veía brillante, aunque algo parecía estar mal. Comenzamos a sentir que estábamos malgastando nuestras vidas, pasando demasiado tiempo lejos de nuestros mejores amigos—cada uno de nosotros.

Un momento fundamental llegó después de algún tiempo solos con nuestros pensamientos. Chuck no me había dicho acerca de su revelación durante su manejo a casa esa noche y yo no le había dicho de mis frustraciones tampoco. Esto estaba a punto de cambiar. Mientras caminaba por el sofá una noche, dije casualmente: «Escucha esto—nadie en su lecho de muerte diría nunca: "Ojalá hubiera pasado más tiempo en el trabajo"».

Esto pudo ser el comienzo de algo GRANDE

¡Eso fue el detonante! Desde ese momento, nuestras prioridades cambiaron inmediata y dramáticamente. Decidimos que era importante y ya era hora de cumplir con nuestros votos matrimoniales, tal como había sido nuestra intención original. Nuestro deseo de pasar nuestra vida juntos era tan fuerte que nos permitió superar el miedo de renunciar a nuestros cheques de pago regulares.

Mientras que algunos piensan que el ingreso de un empleo representa seguridad, eso simplemente ya no es verdad. Le llamamos «el mito del cheque de pago», el cual discutiremos en el Capítulo 2.

Teníamos el qué y por qué cubiertos. Todo lo que nos restaba delinear era el cómo…

No éramos de ninguna forma casi ricos. Teníamos una hipoteca, dos pagos de autos, pagos de tarjetas de crédito y todos los demás signos del éxito de clase media. Renunciar al trabajo y retirarse a los 30 era totalmente imposible. Teníamos que trabajar, por lo tanto ¿por qué no hacerlo juntos? Puesto que era mal visto que dos esposos trabajaran para la misma compañía, eso significaba comenzar y construir nuestro propio negocio. No era solo un cambio menor para nosotros; requería una transformación económica y social mayor de nuestro estilo de vida.

> *El habernos casado fue la mejor cosa que hicimos, y comenzar nuestro propio negocio fue la segunda mejor.*

El habernos casado fue la mejor cosa que hicimos, y comenzar nuestro propio negocio fue la segunda mejor.

Pasamos nuestras mañanas, tardes y noches juntos. Como bono, también tenemos tiempo, cada día, para perseguir nuestros propios intereses individuales, sin las desventajas de siempre estar separados.

Le decimos a nuestros amigos que hay tres tipos de parejas de casados:

1. Aquellos que no trabajan con su cónyuge, y que no quieren.

2. Aquellos que trabajan con su cónyuge y les encanta.

3. Aquellos que se dan cuenta que han perdido gran parte del control de sus vidas. No han tomado todavía la acción para hacer que suceda y se preguntan si pudieran trabajar con su cónyuge. Son buenos candidatos para el grupo dos, puesto que les gustaría pasar más tiempo juntos y con su familia.

¿En qué grupo están ustedes? He aquí un ejercicio para ayudarles a averiguar. ¿A cuántas de las siguientes preguntas responderían SÍ?

- ¿Aman a su cónyuge?

- ¿Alguna vez han deseado que su estilo de vida les permitiera pasar más tiempo con su cónyuge e hijos?

- ¿Hacer cosas como comidas, preparar a sus hijos para la escuela y sus actividades extracurriculares toman más del 25% de su tiempo fuera del trabajo?

- ¿Les gustaría convertir el tiempo que les lleva alistándose y desplazándose hacia y desde el trabajo su propio tiempo personal?

- ¿Algunas veces piensan que la vida sería más fácil si tuvieran más control sobre sus necesidades, tales como yendo a la compra de víveres, cortar el césped y llevar los autos para el servicio?

- ¿Van a dormir cada noche con algo personal que consideran importante, sin haber logrado terminarlo?

- ¿Renuncian frecuentemente a lo que podría ser tiempo personal por cosas que se sienten forzados a declarar como urgentes?

Si respondieron sí, por lo menos, a una de estas preguntas, son candidatos excelentes para una vida más feliz trabajando en casa o en cualquier lugar que puedan decidir, juntos como pareja y su familia; pero no solo crean nuestra palabra … sigan leyendo.

2

Contrarrestando los «Por qué no»

¡SI! La mayoría de las parejas PUEDEN trabajar juntas

Por cada diez razones del «por qué sí» trabajar con su cónyuge, puede haber una del «por qué no». Al principio, esa declaración puede sonar un poco extraña; es totalmente opuesta a lo que la sociedad les ha hecho creer. Por cualquier razón, amigos y familia pueden darles diez razones del «por qué no», por cada «por qué sí» que se les ocurra a ustedes.

Una cosa es segura. Si anuncian que ustedes como esposos han decidido construir su propio negocio o renunciar a su trabajo y trabajar juntos en el negocio que uno de ustedes ha construido, serán blanco de críticas.

Por lo tanto, no lo anuncien, ¡sólo háganlo! Después de todo, no es algo que les ataña y, además, no entienden lo que hay en los corazones de ustedes. No pueden vivir la vida de ustedes.

Parece que casi cualquiera tiene una razón para el por qué no. Descubrirán que los más apasionados pesimistas nunca han intentado trabajar con su cónyuge.

Para ponerlo de forma cortés, quizá están celosos y ciertamente, no calificados para hacer, siquiera, una sola declaración al respecto. En nuestro caso, eso no los detuvo o por lo menos, los desaceleró en su negatividad, en la medida que intentaban desalentarnos de hacer lo que creíamos que era correcto para nosotros.

La historia de Aprill

El pensamiento de trabajar juntos nunca nos espantó. Lo consideramos como una gran aventura, eligiendo crear conscientemente una gran relación que durara para toda la vida. Nuestros años anteriores juntos fueron muy románticos....

Nos conocimos en la escuela secundaria y nos hicimos novios el siguiente año en la preparatoria, seguido de asistir a la universidad juntos. Cuando Chuck se graduó, habíamos estado juntos por seis años. Nos casamos un año después y nos mudamos de Tennessee a «una tierra extraña»—en el norte del estado de New York— solo para experimentar otra parte del país.

En el momento en que Chuck tuvo su revelación en su camino conduciendo a casa, y yo comencé a cuestionarme el control que tenía o no tenía en mi carrera, ya habíamos estado juntos por casi quince años.

Antes de que siquiera consideráramos trabajar juntos en casa, ya habíamos aprobado cada «prueba de buen matrimonio» hasta esa fecha. Podíamos cocinar una comida completa … en la misma cocina.

Chuck me enseñó cómo conducir un auto de transmisión estándar un día después de que nos casamos y eso no

fue luna de miel. Construimos una casa juntos. Habíamos pasado los primeros tres años de nuestro matrimonio a 1.000 millas de nuestros familiares más cercanos y sobrevivimos para después reírnos de todo ello.

Yendo contra viento y marea

Por lo tanto, ustedes pueden, probablemente, imaginar nuestra sorpresa cuando comenzamos a escuchar cosas como:

1. «¿Estás loco? No puedes trabajar con tu esposa».

2. «Nunca podría trabajar con mi esposo. Nos mataríamos el uno al otro».

3. «¿No se aburrirán de estar juntos?».

4. «Necesito mi espacio. Si trabajara con mi esposa, me sentiría sofocado».

5. «Eres un hombre valiente».

6. Pero de todas las preguntas, esta es nuestra favorita: «Tienen un gran matrimonio. ¿Por qué el arriesgar arruinarlo?»

¿Cansados de estar juntos? ¿Sentirse sofocado? ¿Hombre valiente? ¿Arriesgar el arruinar un gran matrimonio? ¡Son tonterías!

Lo que más nos sorprendió fue nuestra reacción a los comentarios de «por qué no». Nunca apagaron nuestro entusiasmo de querer trabajar juntos.

Nos sentimos mal por todos los pesimistas, quienes no querían trabajar con sus propios cónyuges.

¿Piensan que puede que nos hayan admirado muy dentro de sí mismos? ¡Sí, definitivamente!

Con personas que tienen dudas, es difícil hablar acerca de cómo amas a tu cónyuge y cómo esperas pasar cada día con él o ella; especialmente, cuando ves duda, ganas de reír o la mirada de: «Ah, eres tan joven e ingenuo» en sus ojos. Es molesto oír tanto desaliento sobre algo que no es un problema para ti. «¿Se soportarán el uno al otro lo suficiente para pasar todo el día juntos, todos los días?» ¿Qué diría eso del matrimonio de ellos?

Si necesitáramos consejo y aliento, pudimos hablar, fácilmente, con amigos que ya estaban felizmente trabajando juntos. Éramos amigos de una pareja que manejaban juntos una estación de gasolina de servicio completo; otra pareja que tenía una compañía de envíos; una tercera pareja que tenía un negocio de red de mercadeo de ventas directas y una cuarta que poseía y operaba una agencia de seguros.

Cuando compartimos las reacciones negativas de familiares y amigos con ellos, casi siempre solo asintieron con la cabeza y sonrieron. Pudimos ver que disfrutaban lo que estaban haciendo al trabajar juntos. También sabían que tendríamos que encontrar nuestro propio camino—que las experiencias de cada pareja son similares en algunas formas y diferentes en otras.

Decidimos que la mejor manera de probarlo a nosotros mismos, a nuestras familias y a todos los demás era solo hacerlo ¡y triunfar! Nuestra resolución se fortaleció y comenzamos a tomar acción.

Al desarrollar un negocio juntos, también estarán creciendo ustedes. A medida que resuelvan uno por uno los retos comunes, desarrollarán una cercanía, un vínculo, una relación que las parejas que no trabajan juntas como equipo nunca entenderán. Nunca experimentarán los gozos especiales que ustedes tendrán al establecer metas comunes y trabajar juntos para lograrlas. Nunca experimentarán las victorias que ganarán juntos, a medida que logren más y vivan sus vidas más plenamente. Ellos nunca podrán enriquecer las vidas de sus hijos al construir una empresa común, como aquellos cuyos hijos trabajan con ellos. Desafortunadamente, nunca se darán cuenta cuánto podría mejorar su matrimonio, familia y experiencia de trabajo.

Que el sueño más preciado de *ustedes* se haga realidad como lo fue para nosotros. Juntos pueden hacer que ocurra … feliz y exitosamente, trabajando juntos en su propio negocio en el hogar. Háganlo y lleven su matrimonio y a su familia a nuevas alturas.

Mucho éxito y felicidad.

Chuck y Aprill

11

Siempre hemos estado a la altura cuando alguien nos decía que no podíamos hacer algo que sabíamos que sí podíamos hacer. La única cosa que sabíamos que no podíamos hacer era rebatir a los pesimistas y convencerlos abiertamente de que estábamos comprometidos el uno con el otro, así como hacer que funcionara.

...¿cómo puedes convencer a un pesimista de que su actitud es una profecía autocumplida?

Después de todo, ¿cómo puedes convencer a un pesimista de que su actitud es una profecía autocumplida? Si ellos creen que no pueden trabajar juntos, encontrarán un montón de excusas para no hacerlo—hasta que «vean la luz», las posibilidades y cambien sus actitudes; o puede que hagan un esfuerzo débil, asegurándose a ellos mismos fracaso y decepción.

Los tres tipos de «Por qué no»

A medida que continuamos hablando acerca de trabajar en nuestro negocio juntos, el bombardeo de negativas nunca cesó. Encontramos que los comentarios «por qué no», generalmente, caían en tres categorías. Cuando ustedes entiendan la naturaleza de las razones «por qué no» y tengan el deseo de avanzar, podrán responder mejor y más libremente con lógica y acción positiva.

Por qué no #1—Las preocupaciones individuales: «*Vas a perder tu identidad y no tendrás nada de tiempo para ti*»

Mucha gente tiene miedo de vivir su vida sin un

título. Para muchos, esta noción puede ser extraña para ellos. Las carreras proporcionan muchos de esos títulos, tales como «agente de seguros», «director creativo», «plomero», «gerente de oficina», «maestro», «ingeniero», «corredor de bolsa» … y la lista continúa.

Algunas personas piensan que renunciar a su título de trabajo y trabajar con su cónyuge puede parecer como la pérdida de su identidad. Esto es entendible. Mucha gente cree que necesita un título más que una posición y que son nada sin ello.

Desafortunadamente, muchos de nosotros creemos que lo que hacemos es lo que somos.

Piensa en ello. ¿Cuándo fue la última vez que conociste a alguien que no hizo la pregunta: «¿A qué te dedicas?» dentro de los primeros dos minutos de conversación?

Desafortunadamente, muchos de nosotros creemos que lo que hacemos es lo que somos. Hemos perdido nuestro sentido de identidad, cimentándonos en nuestros roles al punto donde se convierten en nuestra identidad. O quizá, para empezar, nunca tuvimos un sentido de identidad. Puede que hayamos estado tan ocupados moldeándonos a nosotros mismos para llevar a cabo nuestros deberes que hemos perdido contacto con quienes somos verdaderamente.

Para mucha gente atrapada en este dilema, la perspectiva de trabajar con su cónyuge significa que no tendrán otro título más que el de «marido» o «mujer». No se dan cuenta que estarán a la cabeza de su propio negocio y pueden ponerse el título que quieran. Un cónyuge puede ser presidente y CEO, mientras que el otro podría ser vicepresidente y COO. ¿No se verían estos títulos grandiosos en las tarjetas de negocio de los dos?

¿Cómo responden ustedes a la pregunta: «¿A qué se dedican?»?

Otros sienten, quizá inconscientemente, que renunciando al tiempo que pasan en los traslados y el tiempo que pasan en el lugar de trabajo podría interferir con el escape que eso proporciona. ¿Las cosas no podrían ser tan buenas en casa? ¿Han estado ignorando su matrimonio en deferencia a su trabajo? De lo que probablemente no se dan cuenta es que trabajando fuera de casa y el estrés de mantener un trabajo puede ser en detrimento e incluso devastador para un matrimonio.

Las encuestas muestran que a dos de cada tres personas les disgusta e incluso odian trabajar para alguien más. Podría ser el pago o la falta de beneficios; fricción con el jefe, compañeros de trabajo u otros; los quehaceres, el medio ambiente, la incertidumbre, la industria y los traslados. La rutina de estar en la «rueda de la fortuna» del trabajo es una experiencia agotadora física y mentalmente que frecuentemente parece hacerse más desafiante para lidiar cada día.

Sin embargo, de una forma extraña, a pesar de las dificultades de este tipo de ambiente de trabajo, algunos creen que salir de la casa, lejos de su familia y cónyuge, es la única forma de mantener su individualidad y cordura. Por lo tanto, por más insensato, insatisfactorio e indiferente que son la mayoría de los ambientes de trabajo, mucha gente cree, todavía, que proporcionan un escape.

✳ La vasta mayoría de la gente, simplemente, no se da cuenta de que necesitan cambiar la percepción que tienen de ellos mismos y de sus roles. Tú no eres lo que haces; tú eres TÚ, un individuo único, con un vasto potencial sin explotar. Nunca permitas que un título dicte o defina quien eres de ninguna manera.✳

Tú no eres lo que haces; tú eres TÚ, un individuo único, con un vasto potencial sin explotar.

Si las personas se niegan a renunciar a la identidad que piensan que sus títulos les proporcionan, ceden una mayor porción del control que necesitan para funcionar en su totalidad, ser felices y sentirse realizados.

Parece que tu familia fuera lo último que querrías abandonar por la tan llamada libertad de ir a trabajar. Va en contra del orden natural de las cosas. El ser humano siempre ha dependido de la familia como un refugio donde sus miembros pueden estar de lo más pacíficos y cómodos y ser quienes son realmente; donde pueden descubrir y vivir su verdadera identidad.

Cuando dejan de escapar de su familia para correr hacia ellos, la perspectiva de mayor desarrollo personal toma el centro de atención, en la medida en que participen de forma más integral en esas relaciones. El trabajar para vencer los desafíos y celebrar las victorias juntos lleva al pináculo de la felicidad, éxito y sentido. En la medida en que crecen, pueden reestructurar su vida para crear más tiempo para ustedes mismos.

Por qué no #2—Preocupación por la relación: «*El estar casados y trabajar juntos son dos cosas diferentes*».

Frecuentemente, hemos escuchado comentarios como: «Tienes un buen matrimonio y ambos se aman. Comparten los mismos intereses y valores y sus fortalezas complementan a uno y otro; pero trabajar juntos es otra cosa. ¿Qué van a hacer cuando tengan una diferencia de opinión? ¿Qué tal si uno quiere hacer una cosa y el otro algo completamente diferente?» ¿Qué tal si...? ¿Qué tal si...? ¿Qué tal si...?

De todos los «por qué no» que hemos escuchado, este grupo representa los más ridículos. Aquí está la respuesta de Chuck:

Si se llevan bien a la hora del desayuno, probablemente, se llevarán bien en la mesa de conferencias. Si no se llevan bien durante el desayuno, entonces, es probable que tampoco se lleven bien durante la cena, los juegos de béisbol de sus hijos, trabajando en el patio o en cualquier otro lugar. Esto posiblemente significa que no se llevarán bien trabajando juntos. Puede que su matrimonio necesite alguna ayuda más allá del alcance de este libro.

Esta llamada de alerta, tan dolorosa como se pueda escuchar, puede servir como una de las mejores cosas que pasen en sus vidas. Puede causar que bajen un poco el ritmo y pongan atención a algunos problemas en su matrimonio que pudieran estar evitando. Aunque todo esto puede ser un poco más complejo de lo que esperaban, está bien. Es una experiencia de aprendizaje continua. Pueden estar seguros de que un equipo de negocios de marido y esposa que estén completamente comprometidos en este proceso, tendrán mucha comunicación abierta y crecimiento para entenderse y apreciarse más el uno al otro.

Muchas personas no pueden imaginar estar trabajando con sus cónyuges, porque su relación no es lo suficientemente fuerte para soportar otra variable, particularmente, una cuestión tan importante como el sustento de la familia. No obstante, la verdad podría ser que su relación posiblemente se ha debilitado porque no han invertido suficiente tiempo en cultivarla. Puede que cada uno esté dando por sentado al otro, pensando que siempre estará allí.

¿Recuerdan cuando eran novios? ¿No pasaron el mayor tiempo posible juntos, lo cual ayudó a que se acercaran más?

Las relaciones de calidad requieren tiempo ... y compromiso.

Ahora, pueden estar pensando: «Bob y Debbie tienen una gran relación. Él viaja cuatro días a la semana, ella trabaja en el segundo turno y casi no se ven ... excepto los fines de semana».

¡Qué bien para Bob y Debbie! Puede que tengan una relación fuerte o puede que solo parezca ser así. Puede que deseen dar esa impresión porque tienen miedo de enfrentar la verdad. ¿Alguna vez han quedado conmocionados por la «repentina» aparición de los problemas matrimoniales, la separación sorpresiva o el divorcio entre una pareja que parecía tener el matrimonio ideal?

El punto es que la mayoría de los matrimonios son débiles, tal como se refleja de forma parcial por el alto porcentaje de divorcios de hoy en día. Pero solo porque muchas parejas permanecen casados por años e incluso décadas, no significa que tienen relaciones excelentes o siquiera buenas y amorosas. Desafortunadamente, estos matrimonios pueden ser por conveniencia; la felicidad y el gozo ya no existen, puesto que cada cónyuge tiene diferentes empleos o construyen una carrera aparte del otro. Sin pensárselo comienzan a dar por sentado el uno al otro, con la conciencia de que su cónyuge siempre está allí.

¿Por qué? No están comprometidos lo suficiente el uno al otro para dedicar el tiempo y energía requeridos para hacer su matrimonio fuerte. Es como si sus vidas estuvieran en «automático» con base en hábitos y rutinas. Estos socios de matrimonio con frecuentes problemas se quedan con cualquier tiempo que sobra, justo después de que los niños reciben su tiempo, dejando a los cónyuges exhaustos.

Piensen en ello. ¿Les gustaría que su médico les hiciera una cirugía durante la mitad de la noche, o a las 10:00 p.m., después de que ya hizo once cirugías?

Por qué no #3. La preocupación financiera: «Nuestros cheques de pago son nuestra seguridad».

Virtualmente cualquiera que ha pasado su vida

trabajando para otros, comulgará con la idea de la seguridad del cheque de pago.

Para la mayoría de las personas, tal como lo era para nosotros, el cheque de pago semanal, quincenal o mensual es su tan llamada seguridad. Hacemos nuestros trabajos y, por ese esfuerzo, recibimos compensación. Desafortunadamente, no refleja, generalmente, lo que valemos. Es simplemente el pago que recibimos por el trabajo que hemos acordado hacer. Generalmente, se nos paga solamente lo que vale el trabajo, ¡no lo que nosotros valemos!

El cheque de pago se convierte en el núcleo de nuestro plan financiero y la forma en que vivimos nuestras vidas, dándonos un falso sentido de seguridad. Hacemos un presupuesto de nuestros gastos mensuales alrededor de él, tomamos de él para cumplir con nuestras obligaciones y dependemos de él para proveer alimento, techo y otras necesidades, así como un respaldo para nuestras actividades de ocio.

El cheque de pago es también el guardián de nuestros hijos. Proporciona su ropa y suministros, así como la gasolina para llevarlos de una actividad a otra. Si hay suficiente dinero, puede que los enviemos a la universidad o incluso a una escuela privada.

Finalmente, si lo usamos con sabiduría y ahorramos regularmente o invertimos una porción para edificar un fondo de reserva, puede que sea lo suficientemente grande para proveernos en los años por venir.

Sin embargo, la seguridad del cheque de pago es

un mito … una de las creencias potencialmente más destructivas que cualquiera pueda tener. Si estás trabajando para alguien más, no tienes control sobre tu cheque de pago. Si representa tu seguridad, podrías tener un despertar muy amargo.

En el presente, los padres quieren vivir cerca de las escuelas a las que les gustaría que sus hijos asistieran. Ninguna familia quiere

*...la **seguridad del cheque de pago es un mito** ...*

que se ponga un vertedero cerca de su barrio. En otras palabras, todos queremos el control sobre nuestras vidas. ¿Por qué, entonces, tanta gente le permite a alguien que puede que ni siquiera le importe la persona o su familia, controlar sus cheques de pago? ¿Alguna vez se han hecho esa pregunta?

3

¡Fueron los mejores tiempos y ... los más desafiantes!

Los primeros 90 días

¿Recuerdan ustedes sus primeros tres meses en primer grado? ¿Qué tal sus primeros tres meses en la universidad? ¿O sus primeros tres meses de matrimonio?

¿Recuerdan los tres primeros meses de ser padres? ¿O siguen siendo un recuerdo nublado? ¿Recuerdan los primeros tres meses cuando los emplearon tiempo completo? ¿O los tres primeros meses en que fueron dueños de su primera casa?

Los tres primeros meses de cualquier esfuerzo pueden ser emocionantes y vigorizantes, así como desafiantes—todo al mismo tiempo. Cuando enfrentamos el cambio, nuestros cuerpos y mentes responden. Algunas personas aman el cambio, lo aceptan con calidez, mientras que a otros no les gusta, lo resisten fríamente. Puesto que virtualmente nada en la vida es constante, excepto el cambio, ¿quién supones que sea más feliz a corto y largo plazo?

Su actitud, reacción inicial y respuesta definitiva hacia el

cambio depende de ustedes. Pero en lugar de sentirse amedrentados y resistirlo, consideren el cambio como una emocionante oportunidad y busquen lo bueno que obtendrían de eso.

Los tres primeros meses de trabajar con su cónyuge en su propio negocio muy probablemente traerán algunos cambios emocionantes y profundos a su relación, los cuales podrían afectar muchos aspectos de su vida de una forma positiva. No obstante, por supuesto, es imposible saber exactamente cómo responderán y crecerán una vez que comiencen a trabajar como equipo por primera vez. Tal vez nuestros tres primeros meses en negocios juntos les den algunas ideas.

Una gran parte de lograr que los tres primeros meses de trabajar juntos sean una plataforma de lanzamiento exitosa, es tener una buena idea de lo que se espera, con base en lo que ustedes ya saben acerca de cada uno.

Los primeros 90 días, en la versión de Chuck

Para entender mejor como Aprill y yo respondimos a trabajar juntos durante nuestros primeros 90 días juntos, lean la siguiente historia:

Le enseñé a Aprill como conducir con una transmisión manual en una camioneta rentada un día después de que nos casamos. Cargamos todo lo que ella poseía allí (yo me había mudado seis meses antes) y conducimos 1.000 millas hasta nuestro nuevo hogar. ¡Sentimos como si estuviésemos en la tundra porque estaba tan frío, aunque era solo Schenectady, New York!

Ahora, puede que nunca te hayas tomado el trabajo de enseñar a alguien cómo operar un vehículo de transmisión manual, especialmente cuando ese alguien es tu esposa. Si no, probablemente, no tienes idea de la «asombrosa» experiencia que te estarías perdiendo.

Llegue a convencerme de que sin importar lo que las estadísticas te dicen acerca de los matrimonios con problemas y las dificultades financieras, el enseñar a tu esposa cómo usar el embrague ... «Suéltalo suavemente, ¡SUAVE! Ahora, un poco de aceleración. No tanta. ¡¡ESPERA!! Okey. Eso estuvo bien. Ahora, intentémoslo de nuevo» ... causa más disputas que cualquier otra cosa, excepto las disputas sobre el dinero, ¡o específicamente la falta de él!

No obstante, nuestra historia no comenzó con una camioneta rentada; comenzó mucho antes. Teníamos ya una larga historia antes de ni siquiera dar un paso al matrimonio. Tal como mencioné anteriormente, comenzamos a salir juntos mientras estábamos en el bachillerato y luego ambos fuimos juntos a la universidad. Cuando finalmente nos subimos a esa camioneta, ya habíamos sido novios por seis años antes de que nos uniéramos en matrimonio. Los dos sabíamos bastante qué esperar cuando comenzamos con la lección de manejo.

Como muchos, Aprill probablemente enfrentaría muchos desafíos al aprender a conducir un auto manual. Podría hacer que el vehículo diera sacudidas y se parara muchas veces. Anticipamos que estaría lo suficientemente frustrada como para llorar o, al menos, confesar que no creía que lo lograría. Por todo ese tiempo, sin embargo, sabíamos que sería tenaz para triunfar en meter el embrague, hacer los cambios y conducir la camioneta.

Anticipé que sería fácil para mí ser comprensivo, solidario y empático, por lo menos, al principio. Le explicaría el proceso y posiblemente demostraría mi «pericia»—aunque yo nunca había tenido un vehículo con una transmisión manual. En el momento, yo probablemente llevaba menos de cuatro horas en total tras el volante de cualquier vehículo que no fuera automático.

Entonces, cuando Aprill comenzaba a aprender, probablemente yo me pondría cada vez más frustrado. Tendría que ser cuidadoso de que su frustración no encendiera la mía, llevándome a estar de acuerdo en que nunca lograría hacerlo. Necesitaría esforzarme en mantener un estado mental positivo y alentador para continuar siendo comprensivo, solidario y empático. Cuando empezaría a meter el embrague y hacer cambios de marcha con facilidad, la felicitaría y le sugeriría que celebráramos con pizza.

Curiosamente, resultó de forma similar a lo que esperábamos—pizza y todo. ¿Por qué?

Una gran parte de lograr que los tres primeros meses de trabajar juntos sean una plataforma de lanzamiento exitosa, es tener una buena idea de lo que se espera, con base en lo que ustedes ya saben acerca de cada uno.

Esperen lo positivo, mientras que entiendan las tendencias y preferencias de su cónyuge … para que puedan ser solidarios.

Aprill utiliza el hemisferio izquierdo de su cerebro—es analítica. Valora el orden y adora aprender, preferiblemente con un maestro. Ella leerá un manual de principio a fin y devorará los tutoriales de computadoras. Es una buena lectora que termina cuatro libros en el tiempo en que a mí me toma leer uno. También es adepta al presupuesto.

> *Esperen lo positivo, mientras que entiendan las tendencias y preferencias de su cónyuge ... para que puedan ser solidarios.*

Al mismo tiempo, tiene un lado aventurero que definitivamente no es del hemisferio izquierdo del cerebro, pero tampoco es del hemisferio derecho. Por lo tanto, lo llamamos su lado sin cerebro.

Por ejemplo, lee una receta gourmet de 15 ingredientes que nunca ha cocinado. Luego, hace algunas grandes modificaciones de ella misma, la prepara y la sirve como el platillo principal a seis nuevos amigos que nunca habían cenado en nuestro hogar. La primera vez que ella lo prueba es la primera vez para todos también; un alma valiente, en verdad. Asombrosamente, la comida siempre sabe estupenda.

Yo, por otro lado, tengo una mezcla de uso derecho e izquierdo de mis hemisferios cerebrales. Muy rara vez hago listas de qué hacer, aunque sé que me ayudarían inmensamente. Adoro el orden y la limpieza, y aunque estoy lejos de ser un haragán, rara vez tengo las cosas tan ordenadas como me gustaría. Doblo mis calcetines, camisetas, calzoncillos y otra ropa con pulcritud, de una manera que solo yo puedo hacer a mi entera satisfacción.

Los clasifico a todos meticulosamente y tengo un lugar para todo. Luego, cuando me quito la ropa al final del día, arrojo todo al fondo de mi closet, haciendo montones que quito cuando están tan altos que ya no puedo funcionar.

A diferencia de Aprill, detesto los manuales del propietario, instrucciones de cómo hacer las cosas y tutoriales. Prefiero aprender por ensayo y error. Soy músico. Toco la guitarra, el piano y la mandolina. Sé leer música, pero nunca lo hago, porque prefiero tocarla de la manera como yo quiero tocarla—no de la forma que alguien ya la ha tocado antes.

Al mismo tiempo, estudiaré las especificaciones de 10, 20 o 30 modelos—unas dos, tres o cuatro veces cada una—antes de que compre una nueva cafetera.

Yo sabía esas cosas de Aprill y ella sabía lo mismo acerca de mí. Después de todo, por el tiempo en que empezamos a trabajar juntos, habíamos estado en unión por 15 años. Incluso con eso, nuestros primeros tres meses no fueron realmente fáciles.

Yo comencé el negocio y lo había estado construyendo dos años antes de que Aprill se me uniera. Muchas parejas, sin embargo, encuentran que es mejor comenzar su nueva empresa juntos medio tiempo durante las noches y fines de semana, mientras ambos mantienen sus empleos. Esto es, generalmente, recomendado como una alternativa financieramente más segura. Pero hablaremos más acerca de eso más adelante.

Yo estaba haciendo las cosas a mi manera semicaótica. Mi escritorio estaba desordenado, pero mis libros financieros estaban inmaculados. Mi sistema de archivo era casi inexistente, pero todavía me sentía capaz de darte una actualización de todo lo que estaba haciendo. También había comprado y aprendido cómo utilizar el software necesario para manejar el negocio. No obstante, no podía enseñarle a Aprill cómo hacerlo, porque no tenía ninguna idea de cómo lo había aprendido. Por decir lo menos, era de una manera desordenada.

Aprill dio un vistazo a cómo estaban las cosas y dio el salto allí mismo, haciendo su mayor esfuerzo para trabajar a mi estilo. Trabajó mucho más duro para ajustarse a mí de lo que yo lo hice para ajustarme a ella. No era malicia de mi parte, solo ignorancia. El negocio estaba cobrando impulso, pero incluso conociéndola tan bien como lo hacía, olvidé una cosa: Ella no está «programada» como yo.

Simplemente, no puedes anticipar todo lo que tu cónyuge dirá o hará, sin importar qué tan bien se conozcan uno al otro. Por lo tanto, otra gran parte de hacer esos primeros tres meses exitosos es entender que sus diferencias no son negativas. No solo son buenas; ¡son grandiosas! Eliminan el aburrimiento y les ayudan a equilibrarse el uno al otro. Aprendan a apreciarlas.

Yo era muy bueno para mantener registros y soy un administrador de dinero adecuado. Aprill, por otro lado, es una contadora meticulosa y una administradora de dinero excepcional. Su propensión por crear presupuestos, analizar gastos, anticipar ganancias y planificar en cuanto a eso, excede por mucho mis habilidades e intereses en esos aspectos.

Su lado aventurero la hace magnífica en la conceptualización creativa y puesto que los conceptos son el alma de cualquier agencia de publicidad y diseño gráfico, eso es muy bueno. Su amor por la lectura también ha incrementado su vocabulario y habilidad para escribir, expandiendo las capacidades de nuestro negocio y optimizando el valor que podemos ofrecer a nuestros clientes.

Mientras que Aprill tiene una vena osada, es de alguna manera contraria a tomar riesgos. Yo, sin embargo, estoy más cómodo con el riesgo, con mayor voluntad de expandirme a nuevas capacidades y ofrecimientos.

Debido a su tendencia a presupuestar, es más propensa a querer saber la ganancia exacta en algo en lo que invirtamos. Eso, por otra parte, la ha convertido en una administradora mucho mejor, al incrementar su conocimiento en la administración financiera y de capital. También le ha dado satisfacción al ofrecerle más posibilidades para ejercer sus talentos creativos, como el escribir, como coautora, este libro.

Si, los primeros 90 días pueden ser un desafío aventurero. Cómo los aborden puede ayudar a determinar qué tan rápidamente van a triunfar. Su actitud y respuestas a los desafíos, en la medida en que los resuelvan paso a paso individualmente y como equipo, los puede llevar a un nuevo y excitante nivel de entendimiento y amor por cada uno—como nada más puede lograrlo.

Incluso si sus tres meses son un poco inestables y pueden disminuir el ritmo, todavía pueden triunfar. Invita y celebra el cambio. En la medida en que se adapten a su nueva relación de trabajo, hagan el mayor esfuerzo para estar preparados y ser flexibles. Entiendan las características,

Su actitud y respuestas ... los puede llevar a un nuevo y excitante nivel de entendimiento y amor por cada uno...

fortalezas y habilidades de cada uno, porque necesitarán depender de ellas en la medida que ustedes vayan creciendo y desarrollando su negocio.

Los primeros 90 días según Aprill

El día feliz finalmente llegó. Estaba a punto de unirme a un nuevo negocio y tener un nuevo estilo de vida. Me sentí verdaderamente lista para ello y llena de emociones variadas—felicidad y temor. El último día en mi trabajo, el cual fue a mediados de noviembre, mis compañeros de trabajo hicieron una pequeña fiesta para mí. Chuck, quien ya tenía ese maravilloso horario flexible, asistió y todos se veían genuinamente contentos por mí. ¡Imaginen qué tan liberadora sería su fiesta de retiro!

Mi primera aventura empresarial fue ayudar a preparar y asistir en una sesión de fotos. Los días previos estuvieron llenos de mandados—recogiendo varios artículos para el evento. También, puesto que íbamos a hacer parte de ello en nuestra casa, aseé el área para que estuviera lista para la cámara.

Nos divertimos mucho haciendo la sesión de fotos en un hermoso día de otoño. Comenzamos temprano en la mañana en un parque y terminamos a última hora del día en casa. Junto con nuestro cliente y el fotógrafo, comimos pizza en nuestro garaje y pusimos a nuestros propios perros en la sesión. Fue un día fantástico y un gran comienzo. Me iba a encantar trabajar en este negocio con Chuck; ya lo sentía.

Luego, llegó el tiempo para yo aprendiera a usar la computadora. Puesto que era bastante nueva en el momento, utilicé los manuales de instrucciones como mis guías. Comencé a jugar con ella, esperando que solo al colocar mis dedos en el tablero, podría, de alguna manera, manejar mi MYOB (software de manejo de contabilidad financiera del negocio), Word y Quark a través de ósmosis. «Solo empieza a jugar con ella. Así aprendí yo», me dijo Chuck. Descubrí, agradecida, que no necesitaba ser un genio en la computación para que esto arrancara.

Al principio, sin embargo, debo admitir que me sentí como una idiota. Realísticamente, pude haber avanzado al solo seguir las secciones «Comencemos» de los programas y manuales tutoriales, pero no me gustó aprender de esa manera. Quería que Chuck me enseñara, pero eso no iba a ocurrir. Chuck no tenía el tiempo ni la inclinación para ser mi tutor personal en computación. Estaba haciendo lo máximo para mantener el negocio avanzando—lo que era más importante que nunca, puesto que yo había renunciado a mi empleo.

Adopté la rutina matutina de levantarme, vestirme y salir de la casa. Revisaba nuestra caja de correo y recogía cualquier correo, archivaba, enviaba pruebas y escuchaba y observaba lo que Chuck estaba haciendo, a medida que continuaba aprendiendo más acerca del negocio. Por la tarde, generalmente invertía algo de tiempo con mi computadora y mis manuales. Seguía eufórica con mi nueva libertad. No tenía jefe ni horas establecidas—¡sí!

No obstante, cuando el invierno llegó con frío y lluvia y yo pensé que básicamente, había encontrado mi nuevo ritmo, algo me ocurrió. «Me bloqueé».

La Navidad se aproximaba rápidamente—una temporada que normalmente significaba una gran cantidad de tiempo socializando, haciendo fiestas, haciendo compras y cocinando; pero yo, realmente, no quería involucrarme con todo eso. Mi estado de ánimo permaneció arriba. Todavía me levantaba, me vestía y me maquillaba todas las mañanas, pero no quería ver o hablar con nadie que no fuera Chuck.

Aguanté la temporada más o menos de ese modo. No di marcha atrás, pero tampoco hice mucho para ir adelante en mi nuevo rol de carrera/negocio. Chuck fue muy comprensivo y no me presionó o me empujó. Él solo aceptó todo lo que yo tenía para dar. En la víspera de año nuevo, caí con una gripe que duró una semana. Después de cerca de mi quinto día en el sofá, miré a Chuck una noche y dije: «Bueno, supongo que será mejor que me levante y lo haga mañana». «Sí» respondió él. Hice justamente eso y estaba lista para entregarme.

Por lo tanto, ¿qué me había pasado? Fue muy parecido a lo que le había pasado a Chuck cuando dejó los campos de batalla corporativos. Me sentí liberada de que ya no tenía que enfrentar lo que me trajo tanto estrés y dolor. Respirar profundo, suspiros puros de satisfacción fue tremendo—¡finalmente, recuperé mi vida! Aun así, debía dejar todo atrás, para que pudiera recuperarme y reorganizarme de los días en que estuve en la rutina.

Los estudios muestran que cualquier cambio de vida, positivo o aparentemente negativo (y créanme, el trabajo independiente con tu cónyuge es positivo) pueden causar estrés. Por lo tanto, me refugié, tal como Chuck lo había hecho … y acogí las emociones que llegaron con el cambio, me acomodé a mi nueva vida y me alisté para comerme el mundo.

Hablamos de nuestros diferentes estilos de aprendizaje. Todavía me estaba costando trabajo con los manuales, pero Chuck deseaba que aprendiera el software MYOB y tomara esa porción del negocio en mis manos. Tuve una mala actitud acerca de aprenderlo todo y especialmente, de asumir las responsabilidades de contabilidad. (Ustedes pueden estar en un negocio que sea más simple que el nuestro, donde un sistema comprobado ya esté funcionando).

Expresé mi desdén todos los días por casi tres meses, pero Chuck creía en mí más de lo que yo creía en mí misma. Se sentía confiado de que yo no llevaría a los dos hacia la ruina durante los tres primeros meses—o en cualquier momento, si vamos al caso.

Durante nuestros tres primeros meses, por fin me inscribí en cursos de publicidad para desktop en nuestro colegio comunitario. Disfruté las clases y obtuve más confianza en mi relación con la computadora. Esto resultó ser un real beneficio tanto para nuestro negocio como para nuestra relación; yo estaba haciendo mi parte y se sintió muy bien.

La confianza, un tema del que a mucha gente le gusta hablar, comenzaba a significar incluso más en nuestro matrimonio.

El tener confianza no solo significaba saber que éramos leales o de que no avergonzaríamos el uno al otro enfrente de otras personas. La confianza también significaba demostrar la confianza el

> *...yo estaba haciendo mi parte y se sintió muy bien.*

uno al otro que sentíamos de la habilidad de cada uno para convertir el negocio en un éxito. ¡Qué revelación y qué gozo! Qué oportunidad de crecer verdaderamente como individuos, como pareja, como equipo y como líderes.

A medida que avanzábamos, nos dimos cuenta de que nuestros estilos de trabajo eran diferentes también, pero no necesariamente en conflicto. A mí me gustaba un escritorio limpio con pilas priorizadas, mi bolígrafo favorito, un marcador, un rotulador, un calendario de escritorio para referencia rápida, mi computadora al centro y mi teléfono a la derecha. A Chuck le gustaba un escritorio abarrotado, un lápiz, un horario de planificación de proyectos, su computadora en el medio del desorden y no estoy segura dónde le gustaba mantener su teléfono o si, por lo menos, tenía una preferencia. Era difícil saber.

No hay nada erróneo con alguno de nuestros estilos; solo son diferentes. Eso es todo de lo que tenía que darme cuenta. Nuestra actitud hacia cada uno era ésta:

Tú eres tú, sin importar lo que hagas o cómo lo hagas. Tú eres la misma persona con la que me casé, pero el lograr conocer tu lado profesional ha agregado una nueva dimensión a nuestra relación. Estoy de lo más agradecida por eso, puesto que ha incrementado mi amor por ti. Gracias a Dios por nuestro negocio.

Una vez que pasamos los 90 días, deseaba decir a todos los pesimistas: «¡Hemos probado que estaban equivocados, todos los que pensaron que trabajar juntos arruinaría nuestro matrimonio!».

Consideren el emprender un negocio juntos, simplemente como una extensión de vivir en la misma casa. Si surge algo trivial que les moleste, no hagan un problema de eso. En su lugar, enfóquenlo con amor.

La confianza, un tema del que a mucha gente le gusta hablar, comenzaba a significar incluso más en nuestro matrimonio.

En el momento en que uno de ustedes esté enojado acerca de lo que su cónyuge haya hecho, entienda que el otro podría estar experimentando una molestia ligera sobre algo que el primero ha hecho o dejado sin hacer. Puede elegir ignorarlo o declarar, gentilmente, su preferencia. Por ejemplo, puede decir a su cónyuge: «Agradecería grandemente si recordaras apagar la computadora».

O podrían darse el uno al otro una aflicción sobre la infracción más ligera ... y elegir ser miserables. Es su opción hacerlo, personal y profesionalmente, ambos como marido y esposa y como socios de negocios.

Si pelean mucho en su vida personal, tendrán, posiblemente, la tendencia a hacerlo en su vida de negocios también. Si es eso, puede que quieran modificar sus comunicaciones, para que puedan cumplir con sus deberes, sin exacerbar a su cónyuge o a uno mismo. A mí, absolutamente, no me gusta discutir y nunca hemos discutido mucho. No levantamos nuestras voces el uno al otro durante los tres primeros meses como socios de negocios y solo tal vez una que otra vez en los últimos 15 años, acerca de ya sea asuntos de negocios o personales.

Recuerden: Cómo manejen sus diferencias de personalidad en su matrimonio seguramente se trasladará a las comunicaciones en su negocio. Si no les importa discutir y desean trabajar juntos de cualquier manera, solo asegúrense de que nunca se gritan o pelean en frente de sus clientes, consumidores, asociados o empleados. También, absténganse de gritar mientras estén en el teléfono o mientras estén almorzando.

También puede haber algunas diferencias financieras, del hogar y de estilo de vida. Si tienen hijos, tienen sus personalidades, necesidades y lo que quieren incorporados a toda la mezcla. Esas cosas posiblemente saldrán a la superficie durante los tres primeros meses que estén en negocios juntos—eso es, si todos son abiertos y honestos en su comunicación.

Algunas veces, es importante simplemente recordar por qué se casaron y aman a su pareja. Otras veces, sin embargo, estarán mejor dejando salir la diferencia. En su lugar, traten a su cónyuge como tratarían a otro colega profesional o asociado de negocios. Pasarán de los primeros seis meses a un año aprendiendo cuándo y cómo responder el uno al otro. Sean pacientes con ustedes mismos y dense cuenta de que ésta es una oportunidad de oro para que ambos crezcan profesionalmente y también como marido y mujer. Permitan que estas experiencias los vinculen de forma más cercana el uno al otro, mientras resuelvan uno por uno los retos y celebran las victorias.

Algunas veces, todavía no nos entendemos totalmente el uno al otro. Yo creo que Chuck todavía está un poco perplejo de que me guste tomar clases y yo todavía no sé cómo él puede lograr tanto antes de las 10:00 de la mañana; pero no estamos preocupados de que no entendamos el estilo del uno o del otro completamente. Este negocio es un éxito y nuestro matrimonio está más fuerte ahora, más que nunca. Nuestros tres primeros meses como socios de negocios nos ayudaron a construir la fundación fuerte que necesitábamos para hacer que ocurriera.

4

¿De quién es la responsabilidad?

Cada cónyuge necesita tener ciertas responsabilidades

Imagina que tú y tu cónyuge deciden que ya es tiempo de llevar a los chicos a unas largas vacaciones atrasadas. Pueden asistir a una convención de negocios de fin de semana en una ubicación turística y han apartado un par de días más solo para disfrutar las atracciones del área.

Llegan al aeropuerto, estacionan su vehículo y proceden al área de boletos de una línea aérea mayor. Hay mucha gente en línea esperando pasar a través de la seguridad. Detrás del mostrador del chequeo de boletos y de la etiquetación de las maletas hay dos pilotos. El procedimiento es un poco diferente a cualquiera que hayas experimentado antes.

Después de que se entregan los pases de abordar, los pilotos mandan a los pasajeros a que se reúnan a un lado y esperen. Una vez que todos han sido registrados, ambos pilotos cierran las estaciones y encaminan a todo el grupo hacia el avión. Allí, toman sus pases de abordar, les muestran sus asientos, cierran las puertas y toman sus lugares en la cabina asegurada.

Miras a todos lados y no hay un asistente de vuelo a la vista. El avión está deslizándose hacia la pista cuando, sorpresivamente, se detiene. La puerta de la cabina se abre y ambos pilotos entran. Proceden a mostrarles a ustedes y a los otros pasajeros cómo asegurarse los cinturones de seguridad, usar las máscaras de oxígeno y cómo salir del avión en el caso, no esperado, de una emergencia.

Luego, recogen los vasos, solicitan que apaguen todos los dispositivos electrónicos y regresen su charola del respaldo del asiento a su posición levantada y bloqueada. Después de eso, regresan a la cabina y aseguran la puerta—momento en el cual, reanuda su marcha hacia la pista.

Por más extraño que parezca, uno se encoge de hombros en cuanto el avión se eleva y asciende, sin pena ni gloria, a una altitud de crucero de 35.000 pies. Justo entonces, los altavoces de la cabina toman vida con las voces de los dos diciendo al unísono: «Gracias por elegir Líneas Aéreas Asombrosas. En un momento, pasaremos por la cabina para servir bebidas y también tenemos bocadillos ligeros disponibles en venta».

Casi en ese preciso momento, se abre la puerta de la cabina otra vez y ambos pilotos entran a la cabina y comienzan a servir. Aunque no tomaste el desayuno, repentinamente pierdes el apetito cuando tu cónyuge te mira nerviosamente y pregunta: «¿Quién está a cargo de este avión?».

Todos tienen un rol que cumplir

Ninguna línea aérea sobreviviría la concesión de permisos, mucho menos las operaciones del día a día, al hacer que los pilotos dejen la cabina y se hagan cargo de las responsabilidades del asistente de vuelo. Desafortunadamente, muchos pequeños negocios, especialmente aquéllos manejados por equipos de esposos, frecuentemente hacen algo similar. Ambos están a cargo de todo; ambos son responsables de cada deber, independientemente de las habilidades particulares del otro; mientras que ninguno es individualmente responsable de un deber en particular. Algunas cosas se hacen dos veces, ¡mientras que otras no se hacen en absoluto!

Puede que ambos respondan preguntas de clientes actuales y potenciales, asociados o empleados en dos formas diferentes. Con base en la perspectiva y conocimiento de la persona que responde, puede que ambos crean que tienen la razón. No obstante, esto puede llevar a la confusión, a las discusiones y a la frustración, así como al uso ineficiente del tiempo, energía y dinero…que eventualmente conducirá al caos.

Aquí hay otra verdad para considerar…

La mayoría de las compañías más exitosas tienen a dos o más individuos ejecutando diferentes funciones para el mismo fin … producir un producto de calidad o brindar un servicio valioso.

¿Pueden imaginar observar a una sola persona construir un auto entero? Comienzan por descargar la materia prima. Luego, funden y forman el metal, fabrican el plástico; hasta que finalmente, pasando por el sistema transportador, unen todas las piezas hasta que el auto está completo.

Tú te haces cargo de esto y yo manejaré lo otro

Uno de los factores clave para un éxito a largo plazo en su negocio es dividir las responsabilidades entre esposo y esposa.

Averigüen qué es lo que cada uno disfruta más y hace mejor, y tómenlo como el factor decisivo de quién hará qué; excepto cuando se requiera flexibilidad para hacer la tarea.

Luego, respeten esos arreglos, incluso si tu cónyuge ejecuta su función de una forma diferente a cómo lo harías tú.

Esto logra tres cosas …

Primero, asegura que los deberes necesarios serán hechos por alguien, puesto que alguien siempre sea el responsable. Por ejemplo, si el trabajo de uno de ustedes es llamar clientes actuales o potenciales y programar citas para compartir el (los) producto(s), servicio(s) u oportunidades que tienen para ofrecer y no se le ha llamado a nadie, sabrán quién es el responsable.

Segundo, otorga a cada cónyuge un sentido de propiedad en el negocio. Es bueno poder decir: «Manejamos nuestro propio negocio», pero a menos que cada uno de ustedes tenga responsabilidades operativas reales, el decir eso llegará a ser irrelevante. Esto se reflejará por sí mismo en el ingreso o la falta de él, que ambos generen con su negocio.

Finalmente, confirma que cada cónyuge puede lograr y logra algunas cosas mejor que el otro. Ayuda a cada uno de ustedes a apreciar las contribuciones que cada uno hace. No es un concurso de quién puede hacer más. Tiene que ser un dar y recibir, con algo de coincidencia

Los egos no tienen lugar en la construcción de un negocio exitoso o en cualquier relación personal o profesional.

de la ejecución de deberes, en la medida necesaria para hacer que las cosas funcionen—siempre y cuando haya una comunicación abierta y clara acerca de quién está haciendo qué. La flexibilidad y la humildad son esenciales. Los egos no tienen lugar en la construcción de un negocio exitoso o en cualquier relación personal o profesional.

Es importante darse cuenta al principio que ambos necesitan responsabilidades bien definidas que le permitan a cada uno de ustedes tener funciones clave para comenzar, edificar y mantener su negocio. Algunas funciones pueden ser adecuadas para que incluyan a sus hijos a ayudar en el negocio con base, por supuesto, también en sus intereses y habilidades. Encontrarán que ciertas divisiones son obvias. Algunas evolucionarán y otras, finalmente, llegarán a ser arreglos conjuntos.

Consideremos, por ejemplo …

El punto de vista de Aprill

La primera mayor responsabilidad continua que asumí

fue la contabilidad. Luché contra esta idea y estaba muy firme al explicar por qué yo no era la persona adecuada para el trabajo. Le dije a todo el mundo que tenía una especialidad en inglés para que no tuviera que tomar más clases de matemáticas. No era capaz de hacerlo, no quería hacerlo y pensé que no debería tener que hacerlo.

No obstante, Chuck vio en mí lo que la mayoría de la gente, incluyéndome a mí misma, nunca había visto antes—una mujer de negocios. Debido a que me conocía tan bien, supo que sin importar qué tipo de adversidad tuviera que enfrentar, yo cuidaría nuestro negocio y los tesoros familiares como una tigresa vigilando a sus cachorros. No pude discutir eso.

Algunas características son tan obvias que la división de responsabilidad es pan comido.

Era una fuerza que solo un esposo podía ver. Esta fue la primera vez, y habría muchas por venir, en que pudimos mostrar y alentarnos el uno al otro para usar nuestros talentos, fortalezas y habilidades que eran previamente desconocidas al mundo exterior. Algunas características son tan obvias que la división de responsabilidad es pan comido. Por ejemplo, puesto que Chuck tenía los contactos, la pericia y la gran inteligencia para las ventas, el desarrollo del negocio recayó en él.

Eso no significó que yo podía ignorar una oportunidad

que tuviera para ganarnos un cliente. No significaba que yo no necesitaría hacer ninguna llamada de ventas o que nunca tomaría una llamada telefónica de un cliente potencial. Significaba solamente que el desarrollo del negocio era una de sus especialidades.

Decidimos que yo podía dar asistencia a nuestro negocio de la mejor manera en esa área al seguir su liderazgo, dándole cualquier apoyo moral, gerencial y de trabajo administrativo que pudiera necesitar para ser exitoso.

Acepté encargarme del manejo financiero de nuestro negocio y funciones administrativas y aunque soy responsable de las operaciones diarias, todavía le pido a Chuck su opinión acerca de seguros, inversiones y cuestiones de flujo de efectivo.

Por ejemplo, yo comparo alternativas antes de comprar seguro médico cada dos años. Comparto con él los aspectos más destacados de otros planes que podría estar considerando. Luego, él me da su opinión, la cual tomo en cuenta. Sin embargo, decidimos que yo tomaría la decisión final, porque los seguros es una de esas áreas en las que brillo y puedo contribuir con algo de valor a nuestras vidas y nuestro negocio.

Puesto que soy una persona detallista, no me importa el papeleo, las formas administrativas y el manejo general de un negocio. De los dos, soy la mejor en manejar estos deberes. No es que Chuck no podría hacerlo; lo hizo por dos años antes de que yo me le uniera. Pero ahora, yo puedo hacerlo y, como resultado, él tiene la libertad de utilizar sus verdaderas fortalezas para el negocio.

El punto de vista de Chuck

Una de mis faltas más grandes fue el creer que nadie podría hacer las cosas tan bien como yo. Por ejemplo, no soy buen carpintero e incluso me cuesta trabajo clavar un clavo, colocar un tornillo o lijar una superficie. Aún con eso, todavía pensaba que, si me propusiera construir una cama de cuatro columnas, sería la mejor y más hermosa cama alguna vez construida.

Por lo tanto, posiblemente, ustedes pueden imaginar mis primeros pensamientos acerca de compartir responsabilidades. Eran más o menos así: «Seré el presidente, CEO, director creativo, gerente de ventas, gerente de compras, supervisor de producción y gerente de control de calidad. Eso me mantendrá ocupado … tú puedes hacer lo que sea que falte».

Además, reconozcan que la persona con quien compartiría responsabilidades era la persona que amo y en la que más confío en este mundo. Ella nunca me había dado ninguna razón, en absoluto, para creer que su juicio y habilidades de toma de decisiones fueran menos que estelares.

Era solo que yo tenía problemas para soltar el control. Una de las razones por las que empecé mi propio negocio era para que yo estaría a cargo. Eso significaba control total. Honestamente, no había pasado por mi mente que Aprill también podría desear algo de control.

Después de todo, había estado haciendo esto por dos años por mi cuenta. Seguro que Aprill era la «inversionista principal», pero yo estaba manejando la compañía. Sin embargo, nuestro negocio ya había crecido y era lo suficientemente ocupado para que Aprill dejara su empleo para unírseme. Fue un gran cambio y la realización de una de nuestras metas.

No obstante, necesitaba soltar algo de ese control o tendría demasiado que hacer y ella estaría, virtualmente, con los brazos cruzados. Por lo tanto, algunas de las cosas que yo había estado haciendo—vender los proyectos, crear materiales, manejar la producción, facturación, cobranza y hacer cuadrar las cuentas; así como compra de equipo, pagar a los proveedores y los impuestos, vaciar la basura y aspirar el piso—era necesario que lo hiciera Aprill. Tuve que soltar algunas cosas si íbamos a triunfar y ser felices.

> **Tuve que soltar algunas cosas si íbamos a triunfar y ser felices.**

Lo cierto es que hay una parte de mí que todavía cree que, si quiero que algo se haga bien, tengo que hacerlo yo mismo. Sin embargo, he llegado a apreciar que, si deseo que algo se haga bien, puedo pedirle a Aprill que lo haga o pedirle que me ayude a lograr la tarea. ¡Qué alivio!

El punto de vista de Aprill

¿Qué tal si tanto Chuck como yo hubiéramos buscado un servicio telefónico y cada uno de nosotros se hubiera inscrito con una compañía diferente, sin decirle al otro? Uno de nosotros habría tenido que rectificar la situación. Lógicamente, uno o ambos nos habríamos enojado. Si fuera así, las disculpas y el perdonarse habrían sido el siguiente paso. Para seguir adelante, una discusión acerca de cómo evitar casos similares sería necesaria para nuestras relaciones de trabajo.

Aunque es rara la ocasión en que discutimos, podríamos haber peleado acerca de eso. Pero, puesto que soy el gerente del negocio, ese tipo de decisión cae bajo mi competencia. Eso no significa que Chuck no exprese su opinión, pero el confía en mí para tomar la mejor decisión final para nuestra compañía y nuestra familia.

Otra razón para tener funciones designadas es que evita que se confundan sus clientes o cualquiera dentro o fuera de la estructura de su negocio. Por ejemplo, cuando nuestros clientes tienen un proyecto para discutir, saben que deben hablar con Chuck. Si tienen una factura que discutir, hablan conmigo. Se dan cuenta de esto muy rápidamente por la forma en que trabajamos con ellos.

Las funciones claramente definidas reflejan un sentido de claridad, profesionalismo y orientación al servicio. Incluso si he ayudado en la escritura de un paquete o Chuck sabe que se ha perdido una factura, aún dirigimos a nuestro cliente con nuestro gerente del proyecto (Chuck) o con la gerente de negocios (Aprill).

Como casi todo en la vida—las cosas pueden cambiar y sí cambian con frecuencia

Las responsabilidades pueden cambiar y evolucionar en cualquier negocio, especialmente en uno pequeño. La clave es ser, generalmente, consistentes y si no lo son, comunicar claramente a cualquiera involucrado, y componer cualesquier retos causados por la inconsistencia.

Aunque Chuck generalmente gestiona la producción de proyectos, hay proyectos en marcha que requieren periodos de tiempo cada día o cada semana para darles mantenimiento. A Chuck no le gusta hacer eso, pero para Aprill está bien. Por lo tanto, con proyectos como ése, ella es la que lleva la gestión de producción. Si estamos haciendo cualquier tipo de ajustes de funciones, avisaremos rápidamente a los proveedores y clientes para evitar confusiones.

> *Nada es indigno de ninguno de nosotros.*

Inevitablemente, hay algunas responsabilidades que nadie quiere llevar en su totalidad. Por ejemplo, ninguno de nosotros quiere la responsabilidad total de limpiar nuestra oficina, hacer mandados o archivar. Por lo tanto, compartimos esas responsabilidades. Algunos días, incluso, vaciar los botes de basura es una buena razón para que uno de nosotros se levante del escritorio por un rato. Nada es indigno de ninguno de nosotros.

Aunque Aprill maneja la mayoría del correo, algunas veces el correr a la oficina de correos o hacer un mandado del que regularmente Aprill se hace cargo, da la oportunidad a Chuck de salir de la oficina para un descanso muy necesario. Simplemente, hacemos lo que sea, siendo lo más flexibles posible para llevar el negocio, así como a nuestra relación, al éxito.

Chuck

Una cosa que hemos hecho para hacer que el trabajar juntos sea aún más divertido es ponernos títulos. Yo soy el Presidente, el Gerente de Ventas y el Mensajero. Aprill es la Vicepresidenta Ejecutiva, CFO y recepcionista. Ninguno de los dos es lo suficientemente valiente para recibir o dar el título de conserje. No es que no reconozcamos que es una función valiosa—es solo que, a ninguno de los dos, particularmente, nos gusta la función.

Recuerden: Enfóquense en lo positivo en lugar de hacer un gran problema por las cosas pequeñas. Podrán resolverlas a medida que avanzan. Ustedes se preocupan tanto por cada uno, así como por su negocio, que no pueden permitir que las cosas pequeñas obstaculicen su felicidad y éxito. Si temporalmente caen en una actitud negativa, tengan fe de que las cosas funcionarán y sigan adelante. No vale la pena que se estresen acerca de cualquier cosa; eso los haría miserables a los dos.

La división de responsabilidades es esencial. Les muestra cómo confiar el uno al otro para lograr lo que necesita hacerse y ayudar a que las cosas marchen a la perfección. Quizá quieran escribir cómo dividir sus funciones. Nosotros nunca hicimos eso, fundamentalmente porque necesitamos permanecer, de alguna manera, flexibles en la forma que estamos establecidos. Decidan lo que mejor les funcione y luego, háganlo.

Algunas preguntas que hacerse

Hay muchos libros acerca de encontrar sus fortalezas,

descubrir sus deseos y hacer lo que aman hacer. Algunos de ellos son muy buenos. Pueden ayudarles a revaluar su vida para que puedan identificar sus sueños e ir por ello. La gente en la actualidad está buscando, más que nunca, una oportunidad de avanzar y mejorar sus vidas.

Lo que sigue son ocho simples preguntas para que ustedes dos, como esposos, se hagan uno al otro antes de que decidan quién hace qué en su negocio. Son lo suficientemente generales para su aplicación en cualquier industria. Nuevamente, estas preguntas sugeridas son simplemente de guía. Ustedes pueden modificarlas, dependiendo de la naturaleza de lo que están haciendo.

Por ejemplo, para aquellos en ventas directas o asociados con una organización de propietarios de negocios independientes, muchas cosas pueden ya estar establecidas para ustedes, de acuerdo con lo que ha funcionado para otros a través de los años. Debido a los elementos comunes involucrados en construir y operar muchos negocios, probablemente resulten ser válidos.

Respondan honestamente. Esta es su vida, su matrimonio y su negocio de lo que estamos hablando aquí.

Respondan honestamente. Esta es su vida, su matrimonio y su negocio de lo que estamos hablando aquí. Bajen la guardia, frenen su ego, sean reales, cómanse el orgullo y respondan con franqueza. Vale la pena. Luego, comparen las respuestas de cada uno con las del otro, discutan el mejor camino a tomar y asignen responsabilidades. Recuerden que a medida que crezcan juntos, van a querer o a necesitar cambiar algo de sus acuerdos originales. Después de todo, es su negocio. Pueden hacer eso.

Entre ustedes dos...

1. **¿Quién es el mejor administrador de dinero?** Este cónyuge es probablemente el candidato ideal para manejar el dinero en su negocio. Él o ella sería quien seleccionara su método de mantener registros y elegir su banco y servicios que necesiten. Idealmente, también se haría cargo de las finanzas de su hogar.

2. **¿Quién es el que se siente más a gusto con otros, cara a cara, especialmente con gente nueva?** Este cónyuge es probablemente el mejor para manejar ventas externas. Si no es experto ya en esta área, él o ella necesitaría algo de entrenamiento en ventas o quizá podría leer algunos buenos libros sobre el tema.

3. **¿Quién es el mejor bajo presión?** Este cónyuge es, probablemente, el más adecuado para manejar cualquier responsabilidad de horarios o tráfico que su negocio pueda requerir.

4. **¿Quién es el mejor negociador?** Este cónyuge tendría, muy posiblemente, la responsabilidad de las compras y podría manejar más eficientemente las negociaciones de contratos a corto y largo plazo que pudieran tener.

5. **¿Quién es el más orientado a las relaciones públicas?** Este cónyuge podría aceptar mejor la función, posiblemente, de presidente o CEO, por lo menos desde la perspectiva pública.

6. **¿Quién es mejor al teléfono?** Este es un buen indicador de quién sería el mejor en responder el teléfono y para involucrarse en contactos iniciales de ventas. En la mayoría de las compañías, el presidente o CEO típicamente no contesta el teléfono.

7. **¿Quién es un gran estratega o planeador?** Este cónyuge sería el mejor para tomar el liderazgo en determinar el enfoque a largo plazo de su compañía. Él o ella, obviamente, solicitarían y aceptarían la opinión del otro cónyuge; pero deberían aceptar responsabilidad por la dirección a la que la compañía necesita avanzar. Este será el cónyuge que asuma el liderazgo más fuerte en su negocio.

8. **¿Quién tiene la mejor intuición acerca del carácter e intenciones de otras personas? ¿Quién es el mejor para saber como lidiar con ellos?** Este cónyuge tomaría la última decisión de contratación y estaría involucrado en evaluar clientes, antes de entrar en arreglos contractuales a largo plazo.

5

El dinero sí importa

Cómo manejar las finanzas sin quebrar emocionalmente

Las estadísticas muestran que la mayoría de los malentendidos, desacuerdos y conflictos maritales ocurren sobre el dinero, más que sobre cualquier otra cosa. Otras áreas de contención pueden incluir cómo criar a los hijos, las actividades diarias, dónde vivir y trabajar e incluso la intimidad.

No obstante, el dinero y las cosas que puede comprar se ha convertido en el cuadro de mando por el que la mayoría de la gente juzga a los ganadores y perdedores. ¿Cuánto gana él comparado conmigo? ¿Qué tipo de vehículo conduce ella, comparado con el mío? ¿Qué tan grande es su casa comparada con la nuestra? ¿A qué colegios acuden sus hijos comparado con los nuestros?

Puesto que los pagos mensuales pueden ser aparentemente asequibles, muchas parejas, más que fácilmente, aceptan estar en deuda. Se extienden demasiado en un esfuerzo de parecer que le va bien y que «están a la altura» de otros en su círculo social o de trabajo, quienes muy probablemente también estén sobre extendidos. Sin embargo, todo es una fachada.

Por lo tanto, ¿qué tiene que ver todo esto con las finanzas de su negocio? ¡Todo! ¿Por qué están en negocios o incluso pensando entrar en negocios, en primer lugar? Su respuesta puede ser algo así: «Para ganar más control sobre nuestras

¿Por qué están en negocios o incluso pensando entrar en negocios, en primer lugar?

vidas, pasar más tiempo con mi cónyuge y familia, hacer las cosas que realmente queremos hacer, viajar, tener una mejor vida, salir de deudas e incluso ganar suficiente dinero para que podamos darnos el lujo de dar más a nuestra organización benéfica favorita».

La mayoría de los conflictos financieros parecen ocurrir en los matrimonios cuando las parejas creen y entienden el poder, la comodidad y la satisfacción que puede venir al tener mucho. Pero en lugar de ganar y ahorrar, se dejan llevar por la publicidad que muestra «la buena vida» y se hunden más y más en deudas para obtener lo que quieren—ahora mismo—hasta que un día se dan cuenta de que es demasiado.

Comprar lo que no podían darse el lujo de pagar con efectivo, usando su floreciente número de tarjetas de crédito y créditos fáciles de obtener a un interés bajo sobre el valor neto de la casa o del auto, se convirtieron en la nueva costumbre normal. Puesto que tenían que trabajar en un empleo que ellos preferirían no hacer, adquirieron el hábito de compensarse ellos mismos con cosas o viajes, aunque no podían realmente pagarlo. Para mantener esta farsa, se encontraron más estresados, mientras cavaban un hoyo más profundo de endeudamiento.

Los desafíos para esforzarse en verse más exitosos o simplemente mantener la «posición» con amigos, han crecido también de forma desafiante, competitiva y algunas veces despiadada en la escena del trabajo. Esto es especialmente verdadero para aquéllos que han descubierto que la seguridad del trabajo y la lealtad hacia los empleados es virtualmente inexistente.

Si no son cuidadosos, pueden caer en una trampa común: Cuánto dinero ganan como dueños de negocio y cuanto tienen ... comparado a lo que ganaban trabajando para otros ... se convertirá en su indicador de qué tan exitoso es su negocio. Pero éste no es un barómetro confiable. Si se enfocan en este indicador falso, cualquier desafío que su matrimonio haya sufrido sobre el dinero antes de que trabajaran en una empresa común podría palidecer en comparación con cómo sufren cuando trabajan juntos.

Por consiguiente, mantener su trabajo actual y retrasar la gratificación a medida que construyen su negocio, puede ayudarles a superar este obstáculo y ayudarles en evitar el estrés financiero. La esperanza que esto da—de que ustedes pueden, potencialmente, hacer «el gran escape» de la escena del trabajo en la medida en que construyan su negocio en suelo financiero sólido—arde brillantemente, mientras hacen lo que sea necesario para convertirlo en su nueva realidad.

Mantener las finanzas en su lugar correcto

Aquí hay una verdad que es aplicable, ya sea que estén o comenzando su negocio juntos o simplemente determinados a vivir felices para siempre como pareja de casados: El dinero es la herramienta que usan para mantener y mejorar su estilo de vida, mientras financian sus sueños. Les da opciones, mientras respaldan a su familia y negocios.

> *El dinero es la herramienta que usan para mantener y mejorar su estilo de vida, mientras financian sus sueños.*

El mantener una perspectiva correcta con respecto al dinero y aprender cómo manejarlo de una manera profesional, seguramente conducirá al éxito. Sin embargo, esas dos ideas por sí no lo aseguran.

Elijan ver el dinero como una herramienta y aprendan a manejarlo bien. De otra manera, seguramente, se encontrarán en medio del fracaso.

Los siguientes puntos clave nos han ayudado a triunfar en manejar nuestras finanzas y pueden funcionar para ustedes también.

Dejar cada tarea a cargo de alguien

Por los primeros nueve años de nuestro matrimonio, antes de comenzar nuestro negocio, Chuck manejaba el dinero de la casa. Él pagaba las cuentas y la hipoteca, balanceaba el talonario de cheques, invertía lo que teníamos disponible, ahorraba para vacaciones y manejaba todo lo demás financieramente.

Cuando Chuck comenzó el negocio, yo todavía tenía mi trabajo y utilizábamos mi salario para pagar las cuentas. Por lo tanto, tenía sentido que yo tomara el control de las finanzas de la casa. Comencé a pagar las cuentas y la hipoteca, hacer el balance del talonario de cheques y manejar cualquier dinero extra para gastos. Chuck seguía manejando nuestros fondos de jubilación y otras inversiones, así como todas las transacciones financieras del negocio. Él lo disfrutaba y tenía una habilidad especial para ello.

Esta era una buena fórmula para nosotros. Chuck estaba operando el nuevo negocio y tenía la mejor perspectiva de cómo quería que nuestro dinero sirviera para eso. Me mantenía informada, viniendo conmigo para asistencia financiera cuando eran necesarias compras mayores o necesitábamos poner algo de dinero en el negocio.

Le dije a Chuck cuánto dinero estaba entrando de mis cheques, cuánto había en el banco y lo que estaba disponible para invertir en el negocio. Cada uno de nosotros quedaba encargado de ciertas cosas, lo que llevó a algo más—la rendición de cuentas.

Hagan responsables a cada uno de ustedes

No basta con solo ser responsable; debe estar vinculado a la rendición de cuentas.

No estamos hablando de emplear tácticas duras como investigación o castigos para uno u otro. Cuando uno encarga al otro el manejo de ciertos aspectos de sus finanzas, parte de la responsabilidad del encargado es aceptar rendir cuentas por lo que hace. Reconocer cuando comete un error, aprender de él y seguir adelante. Cada uno necesita ser comprensivo y perdonador con el otro, en la medida en que ambos crecen.

El comunicar a cada uno lo que está pasando califica como rendición de cuentas.

La forma más fácil y menos dolorosa de rendir cuentas es comunicación pura, simple y abierta. El comunicar a cada uno lo que está pasando califica como rendición de cuentas. Por ejemplo, si uno de ustedes maneja las finanzas del hogar y sabe que el pago del seguro anual está a punto de vencerse, puede que necesite hablar acerca de ello y planear como van a hacer el pago.

Si uno de los cónyuges maneja sus inversiones y sabe la fecha cuando se tienen que hacer los depósitos relacionados a su pensión, puede que tengan que hablarlo y planearlo, o cuando tienen un seminario o convención que asistir, para la cual se tienen que comprar boletos del evento, alimentos y especialmente los gastos de hospedaje y viaje, probablemente tendrán que discutir lo que se llevará para lograrlo.

Hagan la siguiente promesa el uno al otro y les ayudará a enfrentar cualquier desafío financiero. Mírense el uno al otro, levanten su mano derecha y repitan:

«Prometo mantenerte informado con respecto a las áreas de nuestras finanzas de las cuales estoy encargado; tendré la confianza en ti de que tomarás buenas decisiones en las áreas de las que estás encargado; y no me ofenderé, me pondré defensivo(a) o enojado(a) cuando me abordes con preguntas con respecto a las decisiones que he tomado o que estoy a punto de tomar con respecto a las finanzas. Si te doy una respuesta inapropiada, tienes el permiso de hacérmelo saber. Aprenderé de eso, lo dejaré pasar y avanzaré con una actitud positiva. ¡Con la ayuda de Dios, quiero que esto funcione!»

Esta promesa puede ahorrarles mucha aflicción cuando surgen los desafíos relacionados con el dinero. Sea que ya tienen una libertad financiera total o no, es probable que tengan discusiones acerca de las finanzas.

Hagan la siguiente promesa el uno al otro y les ayudará a enfrentar cualquier desafío financiero.

Aprill: Un software de contabilidad es de mucha ayuda

Cuando Chuck estableció el sistema del negocio, eligió algo que era nuevo para el momento—un programa de contabilidad automatizado en la computadora. Ha probado ser una de sus mejores decisiones en el negocio.

Los programas de contabilidad computarizados ofrecen sistemas de débito y crédito simples, fáciles de usar, similares en contenido y operación a esos que usan las grandes compañías y organizaciones. Puesto que nuestro negocio es simple, nuestro sistema de contabilidad tiene muchas funciones que todavía no usamos. Los negocios más tradicionales, sin embargo, se beneficiarían con cosas como reportes de inventario, órdenes de compra y nómina.

Puede que su negocio necesite o no un programa de contabilidad. Por ejemplo, en ventas directas, los proveedores corporativos toman órdenes a través de su sitio de Internet, así como por medio de catálogos y líneas telefónicas libres de cargo. Muchas responsabilidades como el inventario, facturación y compensación al distribuidor o representante son manejadas por los proveedores.

Para aquellos de ustedes que pudieran usar, incluso, el sistema de cuenta de cheques más simple, hay muchos buenos programas disponibles, pero el mensaje más importante es que casi todos los negocios pueden operar más satisfactoria y rentablemente haciendo su contabilidad por medio de la computadora con un buen programa de contabilidad. Hace el llevar el seguimiento de las finanzas tan infalible que incluso alguien con una carrera en inglés como yo puede hacerlo.

Con la computadora, la contabilidad del día a día es más simple. Además, hace el tiempo de los impuestos mucho más fácil. Organizando las finanzas de su negocio en una computadora se pagará solo muchas veces en términos de los dolores de cabeza y tiempo que puede ahorrarles.

Aprill: Consoliden lo más que puedan

Una vez que me uní al negocio tiempo completo,

como mencioné, me hice cargo tanto de las finanzas de la casa como del negocio. De nuevo, tenía sentido. El encargarme de las responsabilidades financieras adicionales de nuestro negocio le permitió a Chuck concentrarse en la producción y ventas.

Esto requirió algunos grandes ajustes de parte de los dos. En la medida en que continúes en tu negocio, aprenderás más y más que la flexibilidad es esencial.

Chuck: Consoliden lo más que puedan

La cosa más desafiante que tuve que hacer fue dejar el manejo financiero de nuestro negocio a Aprill. Antes de eso, yo había manejado nuestro negocio y tomado las decisiones. Siempre habíamos discutido nuestra posición financiera y la mantuve informada acerca de qué tan bien nos estaba yendo.

Como ella ha mencionado, yo le había entregado el manejo de las finanzas de la casa un par de años antes. Aunque me disgustaba pagar cuentas y balancear el talonario de cheques, aún no me sentía tranquilo de no tener el control.

La confianza es mucho mejor que el control.

¿Podría hacerlo? Estaba seguro que sí. ¿Podría hacerlo correctamente? ¿Qué se considera correcto? ¿Continuaría haciéndolo justo como yo lo hacía? ¡Probablemente no!

Luego, un día me di cuenta de algo. Confiaba en Aprill para hacerse cargo de nuestros mejores intereses. ¿Por qué ella haría algo para lastimarnos? Aunque el control sonaba como algo bueno, era en realidad una carga. La confianza es mucho mejor que el control. Nos permite compartir el manejo de nuestros deberes desafiantes.

Desde ese día, nunca he cuestionado cómo maneja Aprill las finanzas. Me resta por decir que es un paso monumental comparado a cuando empecé.

Aprill

Tal como dije antes, no quería hacerme cargo de las finanzas del negocio. No confiaba en mí misma lo suficiente para hacerlo bien y ciertamente, no sabía por qué Chuck querría que lo hiciera en absoluto. Pero, puesto que Chuck es también conocido, algunas veces, por su Gran Poder de Persuasión, me mostró por qué era el arreglo más racional para nosotros. Verdaderamente, sabe cómo convencerme.

Mi desagrado y renuencia para asumir esta responsabilidad y rendición de cuentas excedió más allá de los tres meses. Puede que haya continuado por más de tres años. Él había hecho un gran trabajo con nuestras finanzas y supe que no podría hacer un trabajo tan bueno o hacerlo de la misma forma como él lo hizo. ¿Por qué? Tenemos estilos diferentes.

Aunque no lo manejé tal como Chuck lo hubiera hecho, logramos sobrevivir e incluso prosperar durante ese periodo de tiempo. Hemos logrado hacer cada pago de impuestos y contribución a la pensión y nunca hemos dejado de pagar una cuenta. Incluso, hemos podido hacer algunas inversiones, divertirnos un poco y tomar unas lindas vacaciones.

Aunque el llevar los registros financieros de la compañía al principio fue una prueba para mi fe y espíritu, me sorprendí al llegar a creer que podría hacerlo. Aún mejor, Chuck, mi esposo, mi socio de negocios y animador principal confiaba en mí.

También tuve periodos cuando quería llorar porque no podía convertir $1.000 en $10.000, pensando que era mi culpa. No obstante, a través del aliento de Chuck y mis propias arengas conmigo misma, continué avanzando a través de la inseguridad y el temor, para finalmente, hacerlo una responsabilidad a la que ya no le tengo miedo.

> *...para finalmente, hacerlo una responsabilidad a la que ya no le tengo miedo.*

Ahora, manejo todos los recibos y desembolsos tanto para nuestro negocio como el hogar. Chuck me avisa si hay alguna compra grande para el negocio que necesita hacerse y qué tan pronto necesitamos hacerla. A ese punto, él depende de mí para prepararnos financieramente para esa transacción. Yo le recuerdo si es necesario facturar a un cliente lo más pronto posible para mejorar el flujo de efectivo. Pero si no hay facturas que enviar, depende de mí el organizar los gastos del mes alrededor del flujo de efectivo a la mano.

Algunas veces es verdaderamente desafiante. Hay veces en que siento que necesito recordarle a Chuck que una escapada de fin de semana puede que no sea factible financieramente. También hay algunas veces en las que él necesita recordarme que todo está bien y que tenemos suficiente trabajo en progreso. Todo sale bien.

Chuck continúa…

Aprill administra mejor el dinero que yo. Poco después de que consolidamos las finanzas del hogar y del negocio, ella elaboró un presupuesto; algo que nunca habíamos hecho antes y un sistema simple para mantener los gastos controlados. De esta manera, ninguno de los dos preguntaría: «¿Dónde se fue todo el dinero?» como muchas parejas hacen, ya sea que sean socios de negocios o no.

Desarrollamos una hoja personal de gastos, así como una para gastos mensuales de la casa. Aunque todavía no seguimos un presupuesto estrictamente, cada uno somos lo suficientemente responsables como para llevar el control de las cosas nosotros mismos. No obstante, algunas personas, puesto que pueden estar en un trabajo mientras construyen un negocio con su cónyuge, necesitarán un esfuerzo especial para mantener registros exactos.

Tal como comentó Aprill, soy mejor inversionista que ella. Las inversiones fructíferas requieren investigación, control y cierta intuición. Yo lo disfruto y he logrado bastante éxito en eso. Por lo tanto, tuvo sentido que yo continuara manejando nuestras inversiones, así como nuestros planes de pensión y otras cuentas de retiro.

Verifico con Aprill para saber cuánto dinero está disponible para invertir y luego tomo las decisiones apropiadas. Aprill revisa todas las transacciones y mantiene los registros, para poder estar informada del progreso y estado de nuestras inversiones, consistente con su función de gerente principal de finanzas.

Aprill

Aunque Chuck continúa estando a cargo de las decisiones de inversión, todavía depende de mí juzgar cuándo y con qué cantidad vamos a contribuir a las inversiones que no son del retiro.

Cuando el dinero necesita salir de nuestra cuenta personal de cheques, tal como hacer una contribución especial a nuestra iglesia, yo reviso los números con él para estar segura de que estamos de acuerdo. No discutimos sobre el dinero; nunca lo hicimos, incluso antes de que comenzáramos nuestro negocio. Cuando se trata de finanzas, la clave es la confianza, el respeto, el honor y el amor de cada uno de nosotros. ¿Suena familiar?

El punto es que, aunque es deseable, frecuentemente, unificar tantas responsabilidades financieras en una persona como sea posible, solo hagan eso si es que contribuirá a su mayor éxito. Si uno de ustedes es particularmente hábil en un aspecto del manejo financiero y disfruta hacerlo, sigue haciéndolo.

Recuerden: Una de las razones por las que están comenzando u operando su propio negocio es tener más control sobre su vida. Parte del control significa hacer lo que cada uno de ustedes quiera hacer lo más posible. Recuerden: Siempre pueden cambiar roles a medida que su negocio y sus vidas cambien.

Los gastos personales no son gastos del negocio y viceversa

Establezcan una línea clara entre los gastos de negocio y los personales. Manténganlos, así como sus registros, separados. Es fácil. Las cuentas personales son para cosas personales. La cuenta de negocio tiene fondos para gastos del negocio. Ustedes sabrán la diferencia.

Si tienen una oficina o área designada en casa donde desarrollan actividades de negocios, podrían consultar con un contador o experto en impuestos. Ellos pueden decirles cómo pueden ustedes, legalmente, pagar una porción del mantenimiento de su casa/propiedad, suministros y servicios públicos e incluso gastos del vehículo con el ingreso del negocio.

Dependiendo en qué país vivan, pueden tener varias opciones de cómo estructurar su negocio legalmente. Por ejemplo, en los Estados Unidos, si son propietarios únicos, el negocio se registra bajo el nombre de uno de ustedes y pueden hacer retiros (cheques de pago) del negocio en la medida que los necesiten, dependiendo de su rentabilidad. Si deciden formar una sociedad, una LLC (Compañía con Responsabilidad Limitada) o una corporación, su método de compensación dependerá de las leyes que rijan cada modo de operación.

Hay ventajas y desventajas en cada estructura y hay mucha información disponible sobre el tema en libros y en el Internet, por lo tanto, no entraremos en ese tema aquí. Asegúrense de preguntar a su contador o experto en impuestos si tienen alguna pregunta.

En algunos casos, especialmente cuando están

en negocios de franquicias o ventas directas, probablemente existe un sistema bien pensado, que funciona para seguir. Al principio, a menos que sean personas orientadas a los números y en sintonía con las leyes de impuestos, todo lo que pueden necesitar es un buen servicio de impuestos al final del año.

La mayoría de los negocios tienen tres relaciones financieras: un contador, un banquero y un agente de seguros para hacer sus operaciones más eficientes y agradables.

Puede que también tengan otros que estén calificados para guiarlos. La mayoría de los negocios tienen tres relaciones financieras: un contador, un banquero y un agente de seguros para hacer sus operaciones más eficientes y agradables. Los expertos o profesionales de servicio pueden ayudarles a ahorrar mucho dinero, aflicción e irritación.

Puede que deseen contratar los servicios de un contador

Si no tienen ya un contador, puede que deseen contratar los servicios de uno cuando su negocio crezca a un cierto punto. Pueden ayudarles a establecer y entender su sistema para llevar registros, ayudarles con el papeleo de la temporada de impuestos y alertarlos de las nuevas reglas y normas. Puede que también les sugieran opciones de ahorros de retiro para su situación particular, y manejen preguntas de impuestos y otras preocupaciones incontables que probablemente surgirán cuando su negocio crezca y se haga más rentable.

El encontrar a un excelente contador puede ser fácil. Pidan referencias de otra gente de negocios que conozcan y en quienes confíen. Luego, pregúntenles lo que les gusta o no les gusta acerca de él o ella. Decidan cuál creen que trabajará mejor con ustedes y vayan con esa persona. Siempre pueden cambiar después, si no sale bien.

Antes de que contratáramos a Jack, nuestro contador, le dijimos a todos los candidatos que nuestros requerimientos de contabilidad eran simples. Queríamos cada ventaja de impuestos que pudiéramos, pero nada que pudiera ser cuestionable. En breve, si era totalmente legal, lo tomaríamos. Si era algo cuestionable, nos mantendríamos alejados de ello.

> *Queríamos operar estrictamente de acuerdo con la ley y cuando fuera apropiado, hacer las deducciones a las que tuviéramos derecho.*

Era importante para nosotros que, si alguna vez nos hacían una auditoría, no perdiéramos ni un minuto de sueño pensando si la gente de los impuestos encontraría esto o notaría lo otro. Queríamos operar estrictamente de acuerdo con la ley y cuando fuera apropiado, hacer las deducciones a las que tuviéramos derecho.

El encontrar a un gran contador y utilizar sus servicios

por largo tiempo puede reducir tu carga de trabajo incluso más. En la medida en que Jack se familiarizó con nuestro negocio, las prácticas de contabilidad, el software y la situación financiera, cada año se hizo más fácil. Hemos tenido a Jack haciendo nuestra contabilidad por más de una década y estamos contentos con su servicio y con el precio.

Negocien tarifas con su contador en base a cómo quieren trabajar con él o ella. Cuando comienzan su negocio, sentirán, probablemente, que necesitarán hablar con su contador todos los días por el resto de sus vidas, pero no será necesario.

A menos que su negocio crezca a niveles astronómicos (¡podría!), pronto podrán responder la mayoría de sus propias preguntas. Lo mejor es encontrar a un contador que trabaje con ustedes por hora, en lugar de con anticipos. Nuestro contador, de hecho, nos cobra una vez cada año después de la temporada de impuestos. Él lleva el registro de qué tan seguido hablamos con él a través del año y nos da una cuenta. Eso hace más fácil su contabilidad y la nuestra.

Muchos han perdido el concepto de un banquero personal. Claro, la mayoría de nosotros nos reunimos con empleados bancarios de vez en cuando para solicitar una hipoteca, obtener financiamiento para un vehículo o contratar una caja de depósito seguro; pero en su mayor parte, identificamos a nuestro banco como un logotipo y no como una persona. Además, nos detenemos, virtualmente, en cualquier cajero automático en el mundo para obtener efectivo cuándo y dónde lo necesitamos. Transferimos dinero de una cuenta a otra en línea, e incluso hacemos pagos en pijamas en nuestras laptops tarde en la noche.

Chuck: Encuentren a un excelente banquero personal

Mi padre fue trabajador independiente casi toda su vida de trabajo, haciendo negocios con el mismo banco. Todavía hace negocios con ellos en su retiro. Recuerdo cuando me platicaba acerca de Luther, el presidente del banco. Ocasionalmente, Luther lo llamaba y decía: «¿Necesitas algo? ¿Necesitas un préstamo?». O si mi padre necesitaba hacer cualquier tipo de transacción, llamaba a Luther y él se hacía cargo de eso.

Cuando abrimos nuestro negocio, ya estábamos completamente en la era de los cajeros automáticos y de hacer transacciones bancarias por teléfono y en línea. Yo ni siquiera sabía el nombre del gerente de la sucursal del mega banco con el que hacíamos negocios. Algunos dirían que uno nunca necesita ir al banco, en absoluto. Yo no estoy de acuerdo.

Para manejar un negocio de forma exitosa, necesitan tener una relación con un banquero, alguien con quien puedan reunirse en persona, como Luther. Los bancos de la comunidad e incluso los mega bancos entienden esto y tienen unidades y gerentes para pequeños negocios.

Sus necesidades bancarias variarán dependiendo del tipo de negocio que estén construyendo. En lugar de un préstamo, muchos dueños de negocios en casa pueden respaldar sus operaciones con el ingreso de su empleo—al menos hasta que puedan hacer la transición para trabajar tiempo completo en su negocio—sin poner en peligro sus finanzas.

Aprill: Encuentren un excelente banquero personal

Chuck abrió nuestras primeras cuentas de negocios e hizo lo posible por establecer una relación con el gerente de la sucursal. Sabíamos que, como dueños de negocio en nuestra industria, esto era un paso importante para prepararnos para cualquier necesidad financiera que pudiera surgir.

Este gerente particular era bastante agradable, pero eso era todo. No había proactividad de su parte para servirnos, más que una forma poco imaginativa y rudimentaria. No mostró ninguna voluntad o deseo de aprender nuestro negocio o nuestras necesidades financieras potenciales.

Por lo tanto, cuando me uní a la compañía, cambiamos sucursales. Llamamos al gerente allí y esa misma tarde, él vino a nuestra oficina y preguntó acerca de nuestras necesidades presentes y proyectadas. Regresó a su oficina y volvió con todo el papeleo necesario, y comenzamos a establecer nuestra buena relación con su sucursal. En breve, nos dio la atención personal que queríamos y necesitábamos.

Los banqueros orientados a los clientes todavía existen, incluso en esta era de alta tecnología. Encuentren uno.

Los banqueros orientados a los clientes todavía existen, incluso en esta era de alta tecnología. Encuentren uno. Si no están a gusto con el servicio que están recibiendo, puede que quieran cambiar de banco, o pueden ir a otra sucursal, explicar al gerente su insatisfacción y descubrir lo que él o ella puede hacer por ustedes.

Un banquero puede ayudarles a establecer las cuentas que necesitan y cerrar las que no. Él o ella también puede asistirles en reducir sus tarifas al agrupar cuentas en paquetes especiales, estableciendo protección para sobregiros o, si es necesario, obtener financiamiento para compras mayores y conseguir préstamos para capital operativo.

Nos hicimos el propósito de reunirnos con nuestro banquero una vez al año. Aunque estamos en un negocio con ingresos anuales que fluctúan de año a año, hemos podido obtener una línea de crédito e incrementar su límite cada año. Solo tenemos las cuentas que necesitamos y pagamos muy pocas tarifas. En las raras ocasiones en que hemos tenido desafíos para pagar los cargos de servicio de las cuentas, hemos tenido a quien llamar para que se haga cargo de la situación.

El tener un banquero confiable puede disminuir significativamente sus preocupaciones de dinero y dirigirlos a una felicidad creciente.

Encuentren a un agente de seguros de buena reputación

Cómo manejar sus gastos e inversiones y cuánto dinero les queda de lo que han ganado son solo partes del manejo financiero. Como dueños de negocio y, lo más importante, como copropietarios del negocio familiar que puede ser exclusivamente el responsable por el bienestar financiero de ustedes y su familia, el estar adecuadamente asegurado, es importante.

Aprill

Puesto que yo era una agente de seguros cuando Chuck comenzó nuestro negocio, escribí el seguro de los dueños de negocio y puse en orden nuestro seguro de salud y discapacidad. Cuando ambos se dediquen a su negocio tiempo completo, esta cobertura podría llegar a ser más importante, ya que es probable que su familia dependa de su salud y habilidad de hacer las cosas. Lo mejor es tener todos sus seguros personales en orden antes de que ambos, como marido y mujer, empiecen a trabajar juntos, tiempo completo, en su negocio.

Conozco a una pareja que cada uno asumió que el otro se había hecho cargo del seguro de salud. Lo que resultó era que la esposa no había estado cubierta por seis meses debido a esta falta de comunicación.

Uno de ustedes necesita encargarse de que todas sus necesidades de seguro estén cubiertas. ¿Pueden imaginar la angustia, culpa y dolor si ocurriese una calamidad y no estuvieran cubiertos cuando pudieron estarlo? Ámense, respétense y hónrense el uno al otro lo suficiente para hacer esto.

El seguro

Los agentes de seguros de buena reputación pueden ser una gran ayuda. Pueden tener, incluso, seguro disponible a través de su(s) proveedor(es) corporativo(s). Nosotros trabajamos con tres diferentes agentes. Los seguros son un campo especializado y probablemente, ningún agente es capaz de darles servicio, selección y el mejor precio para todas sus necesidades.

En conclusión, algunas de las pólizas que podrían querer tener, especialmente si están totalmente independientes, incluyen:

Seguro Médico de Salud. Como mínimo, puede que quieran una póliza de seguro de salud con un alto deducible que ayudará a proteger a su familia, financieramente, de los costos de un desafío médico costoso.

Seguro de Vida. Es una buena idea tener seguro de vida adecuado, especialmente cuando tienen hijos. Si uno de los cónyuges fallece, impactaría, en gran medida, el bienestar financiero de su negocio y familia.

Seguro de Discapacidad. Puede que deseen discutir este tipo de cobertura con su agente de seguros. Protege contra la pérdida de ingreso, en caso de una lesión que lleve a la incapacidad.

Un planeador financiero puede ayudarles a llegar a la meta

Como dueños de negocio, sin duda alguna, estarán más involucrados en planear su futuro financiero y probablemente, quieran comenzar a pensar acerca del «retiro» desde un punto de vista de «¿Cuál es el próximo paso?».

Querrán establecerse financieramente a un punto donde tengan la libertad de elegir si desean continuar trabajando y ser productivos o no. O tal vez, solo querrán reducir sus horas a medida que envejezcan. Por otro lado, puede que deseen seguir trabajando en la medida en que posiblemente puedan, porque disfrutan lo que hacen y desean continuar ayudando a otros y marcando una diferencia más grande en su campo.

Sin embargo, sin importar lo que sea, también es importante estar preparados para cualquier contingencia, especialmente—Dios no lo quiera—si no pueden trabajar para generar algún ingreso adicional al ingreso de su retiro, debido a algún problema de salud o alguna otra cuestión seria.

Además de todo eso, si desean contribuir en la educación universitaria de sus hijos o nietos, ¿qué plan les permitirá ser financieramente capaces de hacerlo sin poner en riesgo su retiro?

¿Cómo iniciarán la transición del negocio y estar listos cuando puedan liquidar, fusionar o venderlo?

Un buen planeador financiero puede ser un consejero invaluable y confiable en la toma de decisiones a través de los años.

Juntando las piezas

Consideren con cuidado cómo manejar sus finanzas de forma apropiada, tomando en cuenta y respetando el punto de vista de su cónyuge, incluso cuando sea muy diferente el uno del otro. Con amor y buen sentido, pueden lograr que todo sea una situación beneficiosa para todos … para ustedes como esposos y para su familia.

«Cuando hombres y mujeres pueden respetar y aceptar sus diferencias, entonces, el amor tiene una oportunidad de florecer».

—*John Gray*

6

Ya son las 7:00 a.m.—¿Por qué no te has levantado todavía?

Cómo manejar las diferencias en estilos de trabajo

Supongan que cada uno de ustedes pudiese poner la alarma en su reloj, teléfono, tableta, laptop, desktop y cada reloj que tengan para que esté sincronizado con su reloj biológico. Luego imaginen que cada uno pudiera funcionar de la forma que quiera, en su propio horario—sin la preocupación de cómo reaccionaría el resto del mundo. ¿Cuál sería su horario? ¿Cómo se sentirían al hacer lo que quieran y elegir cuándo hacerlo?

¿Les encantaría ir a dormir alrededor de la medianoche o a la 1:00 de la mañana y levantarse cuando sientan que ya descansaron lo suficiente, digamos entre las 9:00 y las 10:00 a.m.? ¿Comenzarían su trabajo a las 10:00 p.m., como un diseñador gráfico que conocemos, trabajar hasta las 7:00 a.m., ver a los niños ir a la escuela, dormir de ocho a nueve horas y luego recibirlos cuando bajan del autobús escolar?

Tal vez manejarían su vida como un técnico en informática que una vez conocimos. Era soltero y trabajaba tres turnos de 12 horas a la semana en tres días consecutivos. Las otras 12 horas de esos días, comía y dormía. Tenía un fin de semana de cuatro días, cada semana. ¿O serían como el camarero de café que hizo arreglos con su empleador para trabajar siete días de 14 horas al día y luego tomar siete días de descanso? ¿Qué tal el horario de la pareja en ventas directas, quienes juegan con sus hijos durante el día y comparten su oportunidad, productos y servicios por las noches?

Uno de los grandes beneficios del trabajo independiente es tener algo de flexibilidad para elegir cuándo trabajar. Una vez que empiezan su negocio, pueden abordar el trabajar cuando sus relojes biológicos les indiquen que son más productivos. Esto podría colocar un mejor tono para todo su día. Luego, cuando traigan a su cónyuge a escena, podría probar ser aún más interesante.

Uno de los cónyuges—quien puede que ya sea su socio de negocios—podría tener un reloj biológico que no está sincronizado con el tuyo, o puede que ambos tengan relojes exactamente sincronizados. Por lo tanto, ¿qué podrían significar tales escenarios? Después de todo, no hay solo una familia que mantener, también hay un negocio que construir y manejar. Vamos a ver el caso de Stan y Sheila.

Stan y Sheila

Sheila funciona mejor en la mañana. Bajo presión de fechas que cumplir, puede entrar a la oficina a las 6:00 a.m. y muchas veces, termina el trabajo para cuando Stan llega entre las 9:30 a.m. y 10:00 a.m., pero algunas veces, ella se resiente de esto.

Stan, sin embargo, no se siente particularmente emocionado cuando Sheila está lista para dejar de trabajar a las 4:00 p.m. Además, él piensa que Sheila debería saber a estas alturas que incluso si él llegara a las 6:00 a.m., no serviría de nada. A las 2:00 p.m. él la mira y ve que está perdiendo la batalla contra el cansancio. Mueve la cabeza con incredulidad y se hace cargo de lo que se requiera en el negocio en ese momento.

Al observar que dejar tales resentimientos crecer no era nada bueno para su negocio o su relación personal, decidieron hablar acerca de ello un día durante el almuerzo. Al simplemente reconocer el uno con el otro que sus ritmos de productividad parecían estar fuera de sincronía, la presión disminuyó y pudieron resolver los desafíos uno por uno. Escribieron las horas del día cuando se sentían más enfocados, los periodos del día cuando la familia requería su atención y las horas del día cuando el enfocarse simplemente no iba a ocurrir.

Ahora, mientras Stan prepara a los niños para ir a la escuela, Sheila puede hacerse cargo del negocio al darle un comienzo temprano en la mañana. Él también descarga la lavadora de platos, comienza a hacer la lavandería y hace algunas otras tareas ligeras de limpieza. Luego, cuando Stan todavía está trabajando a las 6:00 p.m., Sheila va a la tienda, hace la cena y verifica las tareas de la escuela. Ambos se encargan de los baños y el tiempo de ir a la cama de los hijos y luego disfrutan de un tiempo tranquilo el resto de la noche.

Cuando tanto Sheila como Stan necesitan trabajar temprano y tarde, así como terminar las labores de la casa y las obligaciones familiares en un día determinado, sacrifican el tiempo de relajación nocturna. Sabiendo lo que esperan de cada uno ha liberado una gran cantidad de estrés en sus vidas y ha ayudado a que su matrimonio y negocio se fortalezcan y sean más exitosos.

Tú dices tomate—Yo digo jitomate

Cuando marido y esposa trabajan juntos, van a haber algunas diferencias de opinión. Uno de ustedes puede querer muebles de oficina tradicionales y clásicos de roble, mientras que el otro desee muebles contemporáneos de cristal y acero inoxidable. Uno puede desear oficinas más oscuras con iluminación de acento, mientras que al otro le agrade la iluminación brillante y fluorescente. A uno pueden gustarle los rotuladores, mientras que el otro use lápices.

Afortunadamente, la mayoría de estas diferencias se relacionan con el estilo, no con la sustancia. (Tomaremos el tema de las diferencias de estilo en el Capítulo 8). Este no es el caso, sin embargo, con los calendarios de productividad.

Manejen bien su tiempo al enfocar su energía de gran productividad en las actividades del negocio.

Manejen bien su tiempo al enfocar su energía de gran productividad en las actividades del negocio. Entiendan y acepten que seguramente habrá algunas diferencias entre marido y mujer en esta área. Esto es crucial para lograr el mayor éxito en su negocio.

Nuestra experiencia es similar a la de Stan y Sheila; no estamos sincronizados al mismo reloj biológico. Por ejemplo, uno de nosotros trabaja mejor en la mañana y el otro durante la tarde. ¿Esto nos molesta ahora? Casi nunca. Hacemos nuestro mayor esfuerzo para utilizar esas diferencias para nuestra ventaja.

Ya sea que estén construyendo un negocio desde su hogar o desde una ubicación externa, a tiempo completo o medio tiempo, sus momentos de máxima productividad no tienen que estar sincronizados para que su negocio sea exitoso. Además, en la medida en que ambos crecen y desarrollan el negocio, esto puede cambiar. Ambos pueden encontrarse en mayor sincronía el uno con el otro, cuanto más trabajen juntos. En todo caso, sean flexibles y hagan lo que sea necesario para lograr que tanto su matrimonio como su negocio sean exitosos y felices.

Asumamos que ustedes dos han comenzado a construir su negocio por medio tiempo y cada uno de ustedes todavía está trabajando empleos de tiempo completo durante el día. Digamos que uno de ustedes es una persona mañanera. Probablemente sería más fácil para esa persona empezar una o dos horas más temprano de lo normal y dedicar esas horas a su negocio. El otro cónyuge puede continuar con su rutina regular, la cual puede incluir el alistar a los chicos para la escuela, empacar los almuerzos y así sucesivamente. Si tienen hijos pequeños, las horas tempranas de la mañana puede ser el momento más tranquilo del día. Si tienen hijos adolescentes, buena suerte; puede ser que no puedan entrar a ninguno de los baños de todas maneras, por lo tanto, ¿por qué no hacer algo en el negocio?

También podemos suponer que las noches son más productivas para uno de ustedes. Dejen a esa persona enfocarse en el negocio, quizá al hacer llamadas a clientes potenciales o actuales, o asociados, mientras el otro hace la cena y se encarga de las tareas y hora del baño para los niños.

Ambos tienen que estar conscientes de los tiempos en su día en los cuales son más productivos. Esto aplica sin importar si son constructores de un negocio de tiempo completo o medio tiempo. Solo sepan que no hay mucho tiempo para que ninguno de ustedes esté inactivo, especialmente en el primer par de años mientras estén construyendo su negocio.

La autodisciplina es definitivamente un deber, especialmente cuando su nivel de energía no sea tan grandioso. Nadie llega a ningún lado sin ella. Háganla su amiga. Sean serios acerca de ver a su negocio triunfar, mientras se divierten con él, considerándolo como una gran aventura.

> *La autodisciplina es definitivamente un deber, especialmente cuando su nivel de energía no sea tan grandioso.*

Aunque que lo que estén haciendo a las 6:30 a.m.—como vaciar la lavadora de platos, llevar a pasear a los perros o preparar a los chicos para ir a la escuela—no sea directamente productivo para su negocio, es esencial para manejar su hogar y familia. Labores como abrir el correo, hacer llamadas, ordenar productos en línea o salir a comprar suministros de oficina o ir al banco, tal vez no se sientan tan vital como hacer llamadas de ventas, pero todavía es necesario que se hagan. Mantener un balance apropiado y un sentido de prioridad entre esas actividades es esencial.

Aprill: Hagan lo que sea necesario

Trabajen en sintonía con sus relojes biológicos en todo lo posible. Sin embargo, estén conscientes de que, al principio, mientras uno o ambos todavía estén trabajando tiempo completo o medio tiempo y estén construyendo su negocio por un lado, pueden necesitar ser flexibles con creatividad.

Para reenergizarse, puede que necesiten tomar una siesta breve, una caminata enérgica o hacer algo más para darse energía cuando no sienten ganas de hacer lo necesario para construir y manejar su negocio.

Cuando yo era agente de seguros, rápidamente aprendí que, debido a mi reloj biológico, necesitaba programar mis llamadas de ventas para después del almuerzo, cuando fuera posible. Eso significaba que algunas veces, yo elegía permanecer en la oficina por la tarde para hacer esas llamadas. Era extremadamente difícil para mí tener el estado de ánimo para las ventas en las mañanas.

Ahora, cuando empiezo a trabajar alrededor de las 10:00 a.m., Chuck está metido en sus llamadas de ventas. La mayoría del tiempo, lo saludo con la mano, conecto mi laptop y meto la cabeza en mis deberes de administración del negocio por una hora o más. He aprendido que necesito algo que pueda hacerse silenciosa y eficientemente para comenzar mi día. Chuck comienza a toda máquina tan pronto como sus pies tocan el piso, perdiendo la energía alrededor de las 4:00 p.m., pero si tiene mucho trabajo, sigue en movimiento.

Chuck: Hagan lo que sea necesario

Yo no fui un niño a quien tenían que arrastrar de la cama y a diferencia de muchos chicos que conocía, nunca tuve un tiempo establecido para dormir. Cuando estaba en el segundo o tercer grado, me daba sueño alrededor de las 8:30 o 9:00 p.m., e iba a la cama. Tenía que levantarme alrededor de las 7:00 a.m. para llegar a la escuela y lo hacía.

En la universidad, siempre tomaba las clases más tempranas. Si era posible, me encantaba terminarlas antes del almuerzo. Al trabajar en la oficina de correos de mi dormitorio, también quería el horario más temprano en la mañana. Podía clasificar todo el correo y ponerlo en sus cajas y tener un poco de tiempo extra para leer el periódico—todo antes de mi primera clase.

Ese atributo madrugador se ha manifestado en mi vida profesional. En las dos compañías en las que trabajé antes de comenzar nuestro propio negocio, siempre era el primero en llegar. Podía lograr más en la hora o más antes de que el resto llegara que lo que podía lograr el resto del día. Nunca intenté ser una persona mañanera; es solo que funciona mejor para mí.

Dense cuenta de que todos operan de forma diferente—*aprovéchenlo.*

Hay veces en que uno pueda sentirse cansado, quedándose en la cama una hora después de que su cónyuge ya se haya levantado y esté en movimiento. Puede haber otros momentos cuando uno sienta que no está haciendo su propia parte porque sus tiempos de productividad no están sincronizados.

No obstante, mientras que hay algunas ventajas en tener momentos similares de alta productividad, hay distintas ventajas con tiempos diferentes también. Cualquiera que sea su situación, pueden hacerlo funcionar para ustedes y lo que están intentando lograr.

En la medida de lo posible, construyan y manejen su negocio de una forma en que funcione mejor para sus relojes biológicos. Después de todo, esa es probablemente una de las razones por las que empezaron su negocio juntos—para estar más en control de su propio horario, en vez de que su horario los controle, como si alguien más como un jefe lo hubiera establecido.

Convirtiendo las desventajas en ventajas

Esto es simple y puede ser muy divertido. Por un par de semanas, cada uno de ustedes debería llevar un registro de los momentos de más alta productividad que experimenten en su negocio. Anoten las cosas que hicieron y cuando. Luego, comparen notas.

Luego, hagan una lista de las ventajas que tienen debido a los distintos horarios de sus relojes biológicos. Puede que estén diciendo: «Pero son diferentes y esto nos causa más desventajas que ventajas». Bueno, ¿y ahora qué? Sigan adelante y hagan una lista de las desventajas que perciben que tienen como resultado de sus periodos diferentes de alta productividad.

Aquí hay un ejemplo: Tom y Mary, quienes tienen

dos hijos y están construyendo su negocio de ventas directas por las noches y fines de semana, mientras ambos tienen empleos de tiempo completo durante el día, de lunes a viernes. Además de productos y servicios, también comparten su oportunidad con otros que tienen un sueño que les gustaría convertir en realidad a través de generar un ingreso adicional.

Mary funciona mejor por las tardes, mientras que Tom es una persona mañanera. Es más fácil para él que para ella levantarse un poco más temprano para desayunar con un potencial cliente. Además, Mary tiene una rutina regular con los niños antes de la escuela, que puede manejar sola antes de ir al trabajo, mientras Tom está fuera en un desayuno de negocios.

Eso deja las noches cuando Mary está más vivaz, mientras que Tom puede estar un poco por debajo de su capacidad total. Decidieron que después de traer a los chicos a casa después de sus actividades, harían la tarea en silencio antes de la cena, mientras Tom toma una siesta reenergizante energía de 45 minutos para rejuvenecer.

Luego, después de la cena, él podría hacer llamadas más efectivas, contestar correos electrónicos, y, en cuanto sea necesario, pueden reunirse con otros para mostrarles su oportunidad y compartir sus productos en persona.

Por lo tanto, ¿cómo pueden ustedes como esposos convertir lo que perciben como una desventaja de trabajo en una ventaja? Mantengan la mente abierta y busquen lo bueno en cada una de las supuestas desventajas, haciendo una lista de las soluciones potenciales para luego tomar acción. Cada desventaja contiene la raíz de una ventaja igual o mayor.

Las parejas que trabajan juntas con éxito se las arreglan con lo que tienen y crecen a través de los retos, mientras se dirigen a sus metas. Ellos convierten lo que inicialmente pensaron que eran desventajas de estilo de trabajo en ventajas que benefician no solo a su negocio, sino también a su matrimonio y a otra gente en su esfera de influencia.

7

Mezclando el negocio con el placer

¡Sí, todavía pueden tomarse unas vacaciones e incluso divertirse!

Es de naturaleza humana pensar que las compañías para las que trabajamos nos consideran esenciales y que nuestras actividades del día a día son clave para su éxito. Incluso pensamos que si, tomáramos tan solo un día de descanso, todo el mundo dirá: «¿Dónde está Fulano? No es posible que funcionemos sin él».

¡No lo creas!

Chuck

Yo solía pensar que era indispensable para mi última compañía, estando convencido de que nadie sabría qué hacer si yo no estaba allí. La verdad es que la compañía difícilmente notaba una ausencia, sin importar quién estaba ausente en un día particular. Los sistemas estaban funcionando y todos hacían sus trabajos, llenando espacios si era necesario.

Aunque estábamos ocupados, todos podían hacer un 10–20% más para cubrir a alguien por un día, o incluso hasta por una semana o dos. Ni una sola vez en diez años regresé de vacaciones para encontrar un cartel que anunciara «Negocio cerrado» en la puerta principal de la compañía.

No obstante, eso no es el caso cuando comienzas tu propio negocio, puesto que ustedes son la clave para su éxito. Necesitan estar consistentemente disponibles y puede que necesiten trabajar sin importar cómo se sientan. Puede que también tengan que postergar más el tomar vacaciones de un día o más, hasta que por lo menos logren llevar el negocio a un nivel de éxito donde puedan sentirse bien acerca de no trabajarlo durante un periodo de tiempo. Cuiden su negocio y él cuidará de ustedes.

Aprill

Desde que hemos estado en el negocio juntos, hemos disfrutado de nuestras mejores vacaciones—pero no hasta que las cosas estaban estables. Hay una foto de Chuck tomada durante un viaje a la Florida de la que frecuentemente hablamos. Es de cuando ambos todavía trabajábamos para alguien más en diferentes compañías. A veces él la observa y dice: «Todavía recuerdo exactamente cómo me sentía ese día y sé que nunca me volveré a sentir así mientras tengamos nuestro propio negocio».

Sé exactamente a lo que se refiere, porque yo también lo sentía. Cuando trabajas para alguien más, sabes que mientras estás fuera, los correos electrónicos se están apilando en tu buzón de entrada o alguien más no está manejando a tus clientes o programando como a ustedes les gustaría, pero el negocio sigue caminando. Sin embargo, si tienen un negocio sin empleados o asociados que hagan las cosas mientras se van, dependerá de ustedes que siga funcionando.

Las órdenes pueden ser llenadas y enviadas, las facturas pueden ser procesadas y ser pagadas por los clientes, y los materiales de publicidad directa pueden ser impresos y enviados. Sin embargo, esto es, probablemente, el fruto de arreglos que hicieron antes de tomar tiempo de descanso, o también se pueden hacer desde su teléfono o tableta mientras están viajando. Los clientes actuales y potenciales, por supuesto, también pueden alcanzarles en su teléfono o tableta mientras están viajando. Aunque quizá disfruten de la tecnología que les ayuda a manejar su negocio sin importar dónde se encuentren, si están de vacaciones, tal vez se pregunten: «¿Es esto realmente un tiempo de descanso?».

¿Pero el paraíso está verdaderamente perdido?

Por lo tanto, ¿qué hacen? ¿Olvidarse de unas vacaciones familiares porque «es simplemente imposible»? ¿Pasar el tiempo de vacaciones de su trabajo de tiempo completo trabajando en su propio negocio?

¿Sus hijos están rogándoles ir a la playa? ¿Está afectando a su matrimonio el no tener tiempo libre, solos el uno con el otro? ¿Cómo pueden tomarse unas vacaciones cuando su negocio y quizá su(s) empleo(s) requieren tanto tiempo?

La recreación es re-creación

Hacer una escapada no es solamente algo que la gente quiere hacer; es algo que sienten que necesitan hacer, pero debe ganarse primero, de manera muy parecida a cuando trabajan para alguien más. No empiezan a trabajar un día y a la siguiente se toman una semana de vacaciones, ¿verdad? No obstante, siempre es fácil racionalizar unas vacaciones:

- Ustedes y su familia creen que se lo merecen.

- Es una tradición familiar ir a la playa en julio y no pueden dejar que el negocio se ponga en medio de eso.

- Si no escapan, creen que explotarán y todos los que están cerca de ti caerán bajo tu ira.

Este es un juego fácil de jugar, dado que ciertamente pueden crear sus propias racionalizaciones. Pero una vez que han construido su negocio a un nivel razonable, no necesitarán racionalizar el tomar unas vacaciones. Pueden, entonces, darse el lujo de tomarse un tiempo de descanso de su negocio y tener algo de diversión, recargar sus baterías y relajarse—como recompensa por lograr algo.

Como propietarios de negocio, siempre usen su tiempo de la forma más sabia posible. Predispónganse para el éxito, piensen como dueños de negocio. Por ejemplo, cuando sea posible, mezclen su vida con su negocio y viceversa.

Esto puede suponer una conversación telefónica o conversación de mensaje de texto al lado de la piscina, o escribir una propuesta en su tableta/laptop mientras estés esperando a que todos se alisten para la cena. La tecnología es su amiga. Úsenla para hacerse cargo de los negocios como sea necesario, disfruten su sentido de logro y usen el ocio como su recompensa.

Cuando aman lo que hacen, es divertido y puede que no ansíen las vacaciones como lo hacen ahora. ¿Por qué desearían vacaciones de algo que aman hacer? Desarrollan un mayor sentido de propósito o misión que produce recompensas que la típica gente de trabajo nunca experimentará.

Cuando tienen más control sobre su vida por medio de su propio negocio, también tendrán más opciones y sentirán menos necesidad de hacer una escapada. Comiencen a pensar acerca de las vacaciones bajo este enfoque empresarial:

En breve, necesitan retrasar la gratificación.

- Simplemente no es el momento correcto. Iremos el año que viene, después de que logremos....

- Me encantaría, pero este proyecto necesita terminarse antes de irnos o estaré atado al teléfono, tableta o laptop todo el tiempo.

- Si pasamos ese tiempo trabajando en el negocio, estaremos muchísimo más adelantados.

- No podemos darnos el lujo de tomar una semana; hagamos algunos viajes de un día o unas tardes libres.

- Busquemos maneras en que podamos mezclar los negocios y el placer.

El punto es que cuando empiezan su propio negocio juntos como marido y mujer, necesitan trabajar ahora y disfrutar más tarde, así como conservar efectivo y usar su tiempo de forma sabia. En breve, necesitan retrasar la gratificación.

¿Por qué?

Por ejemplo, tomar vacaciones requiere tiempo y dinero, ambos recursos siendo particularmente valiosos, especialmente en las etapas formativas de una nueva empresa. Después de todo, su negocio puede ser su sustento ahora o en el futuro y requiere mucha de su atención. Nútranlo … y constrúyanlo. Sin ustedes, probablemente no hay nadie que conteste el teléfono, hable con clientes, se comunique en línea, se asegure de que los productos se entreguen, proporcione servicios, lidie con desafíos o lo que sea que se requiera. Ustedes son su negocio y si no son inteligentes al manejarlo, podría desmoronarse.

¿Bajos fondos? Aquí hay una forma de proseguir

Aquí hay una forma grandiosa de abordar la situación de las vacaciones. Cuando están empezando su negocio e incluso después de que se conviertan en veteranos experimentados, siempre busquen formas de combinar el negocio con el placer.

Digamos que tienen la oportunidad de ir o califican para salir de la ciudad para un seminario de negocios o evento llevado a cabo en una gran ciudad o un hermoso centro de vacaciones. Ya sea porque son conferencistas o solo asistentes, puede que quieran permitirse un día o dos antes o después de la función para disfrutar del área.

Por ejemplo, si la reunión estará cerca de Disney

World, ¿por qué no pasar un día o dos allí y visitar los Universal Studios o algunas otras atracciones? Sería divertido y un buen lugar para apagar el teléfono por un rato. Se estarían dando una recompensa por atender a su negocio, sin tener que gastar más dinero en viajes y solo una o dos noches más de comida y hospedaje. Esta podría ser una forma sensata de tomar un descanso, siempre y cuando puedan pagarlo.

Nosotros hemos hecho esto varias veces y siempre disfrutamos salir sin sentirnos culpables. Ofrece lo mejor de dos mundos, puesto que regresan a casa refrescados, educados y motivados. Se sienten bien acerca de lo que están haciendo y hacia dónde se está dirigiendo su vida. Quizá pueden pagar la porción del viaje que corresponde al negocio utilizando su cuenta de negocios. Verifiquen con su contador o preparador de impuestos si tienen preguntas.

Después de 15 años de manejar nuestro negocio, salimos de vacaciones casi cuando queremos. Hemos estado en viajes de misión con nuestra iglesia que no permitieron entrada o salida de llamadas; aunque, una vez que salimos, dejamos la dirección de correo electrónico con nuestro impresor que estaba terminando un trabajo para nosotros. Incluso, hemos vacacionado en espacios naturales por varios días donde no había Internet ni servicio de celular y nuestro negocio siguió funcionando. El de ustedes podría funcionar igual.

Por lo tanto, salen y nadie puede detenerlos. Lo merecen porque se lo han ganado y su familia está contando con los dos, pero ¿qué pasará cuando no estén?

Prepárense—salgan—regresen

Puede que hayan escuchado el viejo adagio: «Si fracasas en planear, planeas para fracasar». Nada podría ser más cierto cuando se toma tiempo fuera de un negocio operado por una familia. Sean proactivos en asegurarse de que puedan hacer el viaje y no tener un anuncio de «Negocio cerrado» cuando regresen.

Los siguientes son algunos de los pasos proactivos que hemos tomado antes, durante y después de las vacaciones—una vez que nuestro negocio era sólido— que ustedes también posiblemente podrían tomar.

Notificación por adelantado

Preparen a sus clientes, asociados, proveedores y otros involucrados en la operación de su negocio, con la mayor anticipación necesaria. Si un cliente llama con un proyecto incluso un mes antes de las vacaciones, les decimos nuestro horario y nos aseguramos de que funcionará para ellos.

Que yo recuerde, nunca hemos tenido a alguien que se rehúse a encargar un proyecto con nosotros cuando escuchan que estaremos fuera. Por el contrario, si están haciendo un buen trabajo, la mayoría dirá: «¡Les felicito!» o «¡Me parece genial! Lo terminaremos antes de que se vayan».

Algunas veces, los clientes nos dan trabajo que empieza antes de que nos vayamos y lo llevamos a cabo cuando regresamos, haciendo que la comunicación sea crucial. Para estos casos, creamos programas de producción, actualizando a los clientes sobre el calendario del proyecto mientras estamos fuera.

La mayoría de las veces, podemos programar la cita para la aprobación del cliente, la revisión legal o la elaboración del prototipo durante estos periodos— procesos donde nuestra aportación no es necesaria. Nos aseguramos de que la gente involucrada sepa cómo contactarnos si surgiera la necesidad.

Aquí vamos

Una semana antes de nuestro viaje, nos comunicamos con nuestros clientes, de nuevo, para avisarles las fechas exactas de nuestra salida y regreso y cualquier otra información que pudiera ayudarles mientras nos vamos. Chuck generalmente crea una oferta divertida de enviar una tarjeta postal desde uno de los lugares que visitaremos si el cliente llena el cupón adjunto y lo envía de regreso antes de que nos vayamos.

Esto da a los clientes una parte emocionante de nuestro tiempo fuera, un bono inesperado para ellos y una oportunidad no invasiva para nosotros. Este nos permite continuar nuestra relación cercana, incluso cuando no estamos allí.

Si son líderes donde el éxito dependa de fortalecer a otros, envíen a sus clientes una postal, correo electrónico o mensaje de texto con una imagen de donde quiera que se encuentren. Incluyan una nota de aliento para mantenerlos emocionados mientras estén fuera.

Sentimos que no nos haya encontrado

Puede que quieran cambiar su mensaje de voz y crear una respuesta automática de correo electrónico para cuando estén fuera. Si planean revisar mensajes o correos electrónicos, avísenles a sus clientes y devuelvan cualquier comunicación lo más pronto posible. Si tienen una oficina en casa, personalicen su mensaje para que no informe a personas que llamen con motivos deshonestos cuánto tiempo estarán fuera. Podrían decir: «Hemos salido por un momento...» o «Estamos momentáneamente indisponibles....».

¡Regresamos!

Si es necesario, dentro de una semana de su regreso, pónganse en contacto con sus clientes y asociados. Pueden sorprenderse de qué tan bien continuaron las cosas mientras estuvieron fuera. Y, por supuesto, se sentirán renovados. Dependiendo de la naturaleza de su negocio, puede que incluso tengan asociados o empleados que están trayendo más asociados o creando nuevos negocios de otra manera, ¡y todo durante su ausencia!

Cuando son trabajadores independientes, no tienen que renunciar a las vacaciones. Solo mezclen el negocio con placer y mantengan la diversión. Es parte del gozo de tener un negocio juntos.

8

Estás haciendo ¿qué?

Cinco diferencias de estilo para celebrar

Ya lo han oído antes, pero vale la pena repetirlo: Si todos nosotros fuéramos exactamente igual, la vida sería muy aburrida. Es tan cierto.

Imaginen si en Facebook cada persona que conocen se viera y se vistiera exactamente como ustedes, comieran las mismas cosas para el almuerzo, les gustaran los mismos equipos profesionales deportivos y tuvieran hijos que todos se parecieran o se vistieran igual. Sería algo divertido por un día o dos. Pero, después de eso, sin embargo, todos nos aburriríamos y estaríamos listos para tener algunas diferencias, ¿verdad?

Ya sea que estén casados por un mes o por años, ustedes probablemente pueden mencionar varias formas en las que, como pareja, son diferentes en las cosas que les gustan y las cosas que no, temores, metas y ambiciones. No obstante, a lo largo de su relación, probablemente han aprendido a adaptarse a la mayoría de esas diferencias. Tal vez ustedes puede que las hayan totalmente ignorado algunas, mientras que otras fueron minimizadas para el bien de la felicidad conyugal. Ambas pueden ser correctas.

Cuando empiezan a trabajar juntos, todas las formas en las que son diferentes el uno al otro—sus diversos estilos individuales, por ejemplo—saldrán a la luz. Algunas pueden ser bienvenidas, mientras que otras no. Estén conscientes de estas diferencias en la manera en que cada uno haga las cosas, cuando empiezan a construir y continúan operando su negocio. Aprecien y adáptense a sus diferencias.

¿Por qué? Porque el estilo personal de cada uno impacta todo lo que hacen, desde cómo se visten, sus hábitos de trabajo, a cómo interactuar entre ustedes, a cómo interactuar con clientes actuales y potenciales, vendedores u otros asociados de negocios. Cuando llevan estos estilos a su asociación de negocios con su cónyuge, la persona que probablemente los conoce mejor que cualquiera, algunas veces se verá más grande que la vida. Puesto que su sustento puede que esté ligado ahora o lo estará a esta empresa, su importancia puede, rápidamente, salirse de proporción.

> *Aprecien y adáptense a sus diferencias.*

Al anticipar estas diferencias de estilo, pueden rápidamente dejar pasar cualquier sorpresa inicial y avanzar con la tarea presente. Solo sepan que puede haber experiencias inesperadas cuando vean a su cónyuge en acción, especialmente si nunca han trabajado juntos antes.

Chuck

Todavía puedo recordar la conversación telefónica que Aprill tuvo con el gerente de cuentas pagables en una gran agencia publicitaria local. Tienen una reputación en la comunidad de las artes gráficas por pagar sus cuentas muy lentamente y tenían una factura de nosotros con más de 90 días de vencimiento.

Siempre había sido mi política, cuando llevaba el negocio yo solo, de ser de alguna manera mesurado en mis cobros. Mi lógica era que como un negocio de una persona tenía que interactuar con todos en las organizaciones de mis clientes. No tenía sentido atacar a la gente de otros departamentos, mientras era gentil con mi contacto primario. Además, la miel siempre funciona mejor que el vinagre cuando se trata de relaciones interpersonales. Seguir la «regla de platino»—tratar a otros como les gustaría ser tratados».

No obstante, mi enfoque también había causado que algunos de mis clientes se aprovecharan injustamente de mi indulgencia. Por lo tanto, una de las cosas que le pedí a Aprill, cuando transferimos las responsabilidades financieras a su cargo, fue que fuera más dura en los cobros. Siempre que a mí no se me requiriera estar insistiendo, no me importó que algo de eso sucediera. De las cuatro efes para interacción personal efectiva— «firme», «franco», «flexible» y «fraternal»—había reprobado mi prueba de la «firmeza»; mi firmeza era como la de un malvavisco.

Pero, luego escuché a Aprill insistiendo. Era verdaderamente dura. Le dijo a la persona en el teléfono que el trabajo en progreso se detendría hasta que se pagara la factura. Para hacer mi reacción más entendible, ¿mencioné que este era nuestro cliente más grande al momento?

Cuando colgó el teléfono, hablé con ella acerca de su estilo. De la forma más delicada como pude expresarlo, le dije que eso no era correcto. Ella, tranquilamente, me recordó que lo que había hecho era lo que habíamos convenido. Me recordó que las cuentas no pagadas nos costaban tiempo y dinero, y que hacemos nuestros pagos a tiempo y esperamos que nuestros clientes hagan lo mismo.

Ella tenía toda la razón. Sin embargo, cuando me fui, me di cuenta de que las diferencias más simples en estilo y técnica para algunos pueden ser la cosa más desafiante con qué lidiar y superar cuando trabajan juntos como pareja de casados.

> ***Entienda cada uno las buenas intenciones de su cónyuge y comparta cómo se siente.***

Mantengan las líneas de comunicación abiertas entre ustedes dos para que puedan resolver de estas cuestiones una por una de la forma más eficiente y eficaz posible. Entienda cada uno las buenas intenciones de su cónyuge y comparta cómo se siente. Una vez hecho esto, sus estilos y técnicas son más fáciles de aceptar a medida que tengan más sentido para cada uno. En el futuro, pueden incluso notar que su esposo/a sigue sus sugerencias, una vez que el calor de los desacuerdos se ha enfriado.

Cinco diferencias para celebrar

Después de todos estos años, todavía no es siempre fácil definir, reconocer, respetar y lidiar con nuestros diferentes estilos. En la medida en que hemos construido nuestro negocio y observado a otras parejas construir el de ellos, hemos notado cinco diferencias básicas de estilo. Aquí hay algunas sugerencias en cómo esposos y esposas que trabajan juntos pueden celebrar los estilos diferentes, en lugar de agonizar por ellos.

Diferencia # 1—Orientados a la rutina vs. a la espontaneidad

Uno de ustedes puede ser firme acerca de sujetarse al plan o al programa. Puede que sea grandioso en priorizar y eficiente en sus hábitos de trabajo, deleitándose en completar una tarea y seguir con la siguiente.

Al otro le encanta lograr cosas también. Sin embargo, no es esencial para este tipo de persona continuar siguiendo el mismo plan de acción. Si le llega una mejor idea a la cabeza, no tiene problema en cambiar el curso. Cuando hace el cambio, el otro socio puede verse herido y confundido, puesto que no había planeado su día para incluir este nuevo curso de acción. Dele tiempo de ajustarse.

Una receta para el éxito del equipo de marido y mujer: Cuando están en negocios juntos, hay una necesidad tanto de rutina como de espontaneidad. Casi todos tenemos algo de las dos, pero un esposo es probablemente más orientado a la rutina que el otro. Considerando esas fortalezas, decidan quién es responsable de qué. Dejen al que es más espontáneo en sus pensamientos para que venga y comparta sus ideas creativas para revisar y discutir. El que está más pegado a la rutina podría crear el sistema de archivo. No hay nada correcto o incorrecto acerca de ninguno—solo son diferentes.

Diferencia # 2—Desconectar vs. dejarme en paz

La TV está a todo volumen, el horno de microondas está pitando y los niños están gritando. De alguna manera, tu cónyuge, quien está profundizando en sus pensamientos, no parece oír nada. Él o ella está devorando los correos electrónicos y textos, brincando entre los sitios de medios sociales y haciendo hojas de cálculo en su laptop—enfocándose en sus responsabilidades, llevando a cabo las tareas. No importa lo que digas en un tono de voz normal, tu cónyuge probablemente no va a oírte tampoco. Vas a tener que llamar su atención de alguna otra manera.

Tú, sin embargo, quizá necesites paz, quietud y un tiempo específico para enfocarte—para pensar o trabajar así de duro en cualquier cosa. Cómo aquel puede hacerlo con todo el ruido que hay escapa a tu comprensión, y aquel no entiende porque necesitas silencio.

Al que se le haga fácil trabajar con distracciones puede que no recuerde nada de lo que dijo el otro durante ese tiempo de ruidos. Es fácil aceptar o no algo simple, mientras estás enfocado en algo más. Mientras que puede que no recuerdes lo que convinieron, confías en que tu cónyuge hizo lo correcto. Hay ciertas cosas por las cuales simplemente no vale la pena pelear. Ahora, si es algo de gran consecuencia, querrán discutirlo cuando tengan cada uno la atención del otro sin reservas.

Una receta para el éxito del equipo de marido y mujer: Observa lo que hace tu cónyuge cuando él o ella están en total control de sus actividades. No hagas cualquier sugerencia, no ofrezcas alguna alternativa ni hagas cualquier solicitud; solo observa.

¿Se refugia tu cónyuge en un lugar tranquilo y pide no ser molestado? ¿Quiere él o ella el televisor apagado mientras está leyendo? Si es así, esto probablemente indica que él o ella necesita paz y quietud para ser productivo(a).

¿Cuánto tiempo puede estar tu cónyuge sin iniciar una conversación? ¿Tu pareja periódicamente interrumpe lo que está haciendo para comenzar algo más? ¿O está enfocado en completar su presente tarea primero?

Solo observa y recuerda. Cuando veas el mismo comportamiento mientras trabajan juntos, sé comprensivo. Esta es la persona con la que te casaste y decidiste hacer negocios. Sé paciente con el proceso de desarrollar y mantener el aspecto profesional de su relación. Puede ser la cosa más grandiosa en el mundo, que bien vale la pena el esfuerzo que invierten en ella.

Diferencia # 3—Directo vs. Diplomático

Esta diferencia de estilo puede llegar a ser evidente cuando uno de ustedes está trabajando con un cliente o asociado. Uno de ustedes, aunque considerado y profesional, no «endulza» la información que está compartiendo, sino que utiliza el abordaje directo.

Si eres tú quien tiene este estilo, deseas presentar la información ahora para ayudar a que tomen una decisión y funciona mejor cuando eres directo.

Cuando tu socio te escucha en el teléfono, diciendo las cosas como son, puede quedar espantado(a). Él o ella puede preguntar: «¿Acaso no puedes ser un poco más diplomático?», afirmando que un cliente o asociado necesita que se le dé toda la cortesía y consideración. Esto es especialmente verdadero cuando se trata de dar noticias negativas, corregir errores o discutir una preocupación financiera como una cuenta vencida. Ustedes dos están de acuerdo en que la persona necesita ser tratada con respeto, pero sus estilos individuales definen lo que significa para cada uno ser efectivo.

Una receta para el éxito del equipo de marido y mujer: Las claves aquí son la comunicación y etiqueta estándar de los negocios. Decidan desde un principio las formas apropiadas de conducirse. Básenlas no solo en sus estilos, sino también en cómo los negocios de buena reputación y con buena gente los han tratado a ustedes.

La honestidad e integridad siempre ganarán sobre elecciones pobres de estilo.

Algunas modificaciones serán fáciles. Un cónyuge puede ayudar al otro a entender que su estilo directo no funciona con un cliente en particular y cómo puede ser más diplomático.

La honestidad e integridad siempre ganarán sobre elecciones pobres de estilo. Si son honestos, pero un poco severos o si tienen integridad, pero no la mejor gramática, su potencial de éxito a largo plazo será mucho mayor que si son todo lo contrario.

Hagan lo posible por ser empáticos hacia otros y considerar cómo se sentirían si estuvieran del otro lado de la línea de la comunicación. ¿Es el estilo de comunicación de esa persona directo o diplomático? Sean sensibles a su estilo y discúlpense si dicen o hacen algo que pudiera ser ofensivo.

El pasar o crecer a través de desafíos con un cliente, asociado o cónyuge puede ser una experiencia verdaderamente positiva que los llevará a un nuevo nivel en su relación. Sean gentiles y cuidadosos con otros a medida que avanzan, pase lo que pase.

Diferencia # 4—El panorama general vs. los detalles

Uno de ustedes puede mirar básicamente los detalles de cada día, haciéndolo desafiante para esa persona proyectar el futuro por más de una semana, mientras que el otro puede ver el panorama general, creyendo que un plan a largo plazo es esencial para el éxito. Él o ella se fija metas y puede que tenga ya sea una imagen mental o un plan por escrito de los próximos tres a cinco años, con confianza en el éxito.

Una receta para el éxito del equipo de marido y mujer: Tal como lo menciona el párrafo de orientado a la rutina vs. espontáneo, los negocios exitosos necesitan tanto a aquellos que miran el panorama general como aquellos que se concentran en los detalles. La persona orientada al detalle es más adecuada para tomar decisiones de compras pequeñas.

La persona que se enfoca en el panorama general es probablemente mejor para elegir estrategias de ventas. Por ejemplo, él o ella puede decidir que es para el mejor interés de su compañía el perseguir a un cliente que estará haciendo una compra de $500 en los próximos siete días, antes de enfocarse en el que estará haciendo una compra de $25.000 en los próximos tres meses. Para compras mayores y planeación general, es mejor que ambos estén involucrados.

Diferencia #5—Considerar vs. enfrentar sin rodeos

Digamos que surge una situación que necesitan enfrentar ahora. Ya tienen los detalles necesarios; sin embargo, uno de ustedes siente que es necesaria más consideración antes de resolverla.

El otro se pregunta: «¿Cuál es el problema? Tenemos toda la información que necesitamos. Tomemos la decisión, llevémosla a cabo y vayamos a dormir bien». Para esta persona, cuyo enfoque es enfrentar, la indecisión es la peor decisión. Probablemente, cree que es mejor tomar acción y lidiar con las consecuencias.

Una receta para el éxito del equipo de marido y mujer: Aprendan lo que es urgente y lo que es importante. Pregúntense: «¿Puede esperar esto hasta que termine con _____?» o «¿Es la única razón que esto parece urgente o importante porque el otro esposo no cumplió a tiempo con lo que había convenido hacer? ¿Cómo aprenderá si yo hago lo que él o ella se suponía que debía hacer?»

Si tienen un cliente que está dependiendo de ustedes para algo, puede que uno de ustedes necesite ayudar a su socio a arreglar la situación—incluso, si fue su socio quien causó el problema. Una vez resuelto, asegúrense de discutir cómo evitar que vuelva a suceder.

Consideren las decisiones mayores, tómenlas y adelante. Analicen de forma extensiva solo cuando necesiten hacerlo absolutamente. El sobreanálisis puede conducir al «parálisis del análisis», lo cual mucha gente hace deliberadamente o incluso inconscientemente para postergar o evitar tomar acción. Respeten a su cónyuge si él o ella están teniendo problemas para superar un escollo. Lo que pueda parecer simple para uno de ustedes puede ser complicado para el otro. Algunas veces, hasta una pequeña observación, percepción o sugerencia puede ser el punto clave o el consuelo que pueda necesitar.

> *Respeten a su cónyuge si él o ella están teniendo problemas para superar un escollo.*

Equilibrando diferencias

Una de las grandes cosas de ser diferente a su cónyuge es que hay tanto que aprender a partir de un mejor entendimiento y aprecio de los estilos de cada uno. Nuestra forma de hacer las cosas ciertamente no es la única. A medida que ambos continúen creciendo personal y profesionalmente, es probable que tanto un esposo como el otro pueda tender un puente entre sus habilidades o la diferencia en el estilo. Por ejemplo, el que sea más extrovertido puede desarrollar más habilidades analíticas y viceversa.

Si una pareja tiene un estilo que le molesta al otro, háblenlo. Sean justos, amables, dispuestos a perdonar, flexibles, de miras amplias y listos para reconocer su propio estilo peculiar. Él o ella probablemente se contraponga, mencionando algunas cosas que uno de ustedes hace y de las que ni siquiera se haya dado cuenta. Ambos pueden cambiar algunos comportamientos que no le están sirviendo a nadie.

Podemos aprender de nuestros errores y moldear y refinar nuestros estilos. Sin embargo, nuestros estilos no son nosotros—solo son el reflejo de nuestra forma de pensar y, de ser necesario, podemos cambiar eso. Eventualmente, lo arreglarán.

Idealmente, todos podemos afinar nuestros estilos para que seamos aún más efectivos y agradables para asociarnos. En lugar de usar nuestro estilo como una excusa, podemos estar más conscientes de él y modificarlo y equilibrarlo para lograr mejor nuestras metas.

El trabajar con su cónyuge, aprender de y apreciar su estilo puede proporcionarles una riqueza de conocimiento acerca de … la naturaleza humana, cómo vivir y trabajar mejor juntos y cómo ser sensibles a otros y cumplir con sus necesidades en la medida en que progresan. Aprenderán lo que es verdaderamente importante para discutir y resolver, y cuándo decir está bien y dejarlo ir.

Observen de forma más profunda sus diferencias y resuelvan lo que es verdaderamente importante para el bienestar, tanto de su matrimonio como de su negocio. Llegarán a ser más equilibrados, flexibles y comprensivos.

Una nota final sobre la ética

Cada uno de ustedes puede tener enfoques no negociables que no se tratan tanto de estilo sino de carácter. Ambos se niegan a tomar a un cliente porque sus productos no promueven un estilo de vida saludable, son deshonestos, o simplemente no comparten sus valores, aunque el hacer trato con ese cliente podría traerles ganancias; o quizá uno de ustedes no quiere trabajar con un cliente particular porque es la competencia directa de un cliente existente. Estas no son cuestiones de estilo. Son situaciones relacionadas con el carácter o la consciencia, basadas en la ética y principios morales. Reconozcan las diferencias y abórdenlas de forma correcta.

¡Siempre dense apoyo el uno al otro para hacer lo correcto, pase lo que pase!

Siempre operen su negocio bajo los más altos estándares legales, morales y éticos; sin importar cómo otros conduzcan sus negocios. Si uno u otro de ustedes necesita mejorar en esa área, hágalo inmediatamente. ¡Siempre dense apoyo el uno al otro para hacer lo correcto, pase lo que pase!

Quiénes ustedes son como individuos, así como lo que son como equipo y cómo se relacionan y responden a otros, determinarán en gran medida qué tan exitosos serán. Sus diferencias pueden ser sus más grandes fortalezas cuando las entiendan, las acepten, las superen y edifiquen a base de ellas.

El éxito es una jornada, no un punto final y les requiere que observen el estilo y ética de cada uno—para ser lo mejor que puedan ser. Tener su propio negocio les da más control del que tienen en el trabajo, donde pudieran tener el desafío de hacer cosas con las que no están de acuerdo, éticamente o por cuestión de estilo.

9

Perdona cariño—me he aficionado a comer

Comenzando con un cónyuge menos que entusiasta

El superar las objeciones que otros plantean ante ustedes es una cosa, pero superar las objeciones que un cónyuge plantea ante el otro es algo diferente.

La gran noticia es que, aun si ambos no están de acuerdo en trabajar juntos, uno de ustedes puede comenzar. El que más entusiasmo sienta por la idea necesita tomar la rienda.

Hay desacuerdos en todas las relaciones—ya sean expresados o no. Podemos diferir en cosas pequeñas como qué comer, qué película ver o a quién invitar para la cena. Podemos discrepar en cosas grandes como dónde vivir y qué casa comprar, tener hijos o no y si es así, cuántos, o qué religión seguir. También podemos diferir en otras cosas.

¿Por qué es tan sorpresivo, entonces, que tantas parejas estén divididas en la idea de trabajar juntos?

Para nosotros, esto no fue un desafío. Habíamos sabido por mucho tiempo que queríamos tener y construir nuestro negocio propio. Fue algo de lo que hablamos, soñamos y planeamos, y cuando llegó el momento, estábamos listos para abordar. Deseábamos tomar nuestras propias decisiones, establecer nuestro propio horario, trazar el curso de nuestras vidas, pasar lo más que pudiéramos de nuestros días juntos y vivir nuestro sueño. Teníamos objetivos compartidos … y estábamos dirigidos a vivir nuestra vida juntos verdaderamente.

Las empresas exitosas como las organizaciones empresariales, religiosas, benéficas o cívicas se componen de individuos unidos para una causa común. Los negocios juntan a la gente para crear, manufacturar o suministrar y vender productos, proporcionar servicios o compartir oportunidades—todo para que ellos puedan generar ingresos. Las organizaciones religiosas comparten ideales espirituales y religiosos, apoyando a otros en su fe. Las organizaciones benéficas juntan gente y recursos para ayudar a aquellos en necesidad. Las organizaciones cívicas pueden tener cualquier número de objetivos, desde los políticos a los ambientales y humanitarios.

> *El problema es que la mayoría de las parejas sufren por no tener grandes objetivos que compartir.*

El problema es que la mayoría de las parejas sufren por no tener grandes objetivos que compartir. Empiezan con poco más que una idea general de lo que un matrimonio necesita ser e improvisan de ahí en adelante. Saben que la mayoría de las parejas de casados tienen hijos, casas, vehículos, mascotas, empleos y lugares de culto, pero hacer que todo funcione es algo que pueden tratar de aprender a través del ensayo y el error. Las historias de vida de sus matrimonios podrían ser algo como esto …

Pareja A—*John y Susan*

John se graduó con honores de la Universidad de Carolina del Norte con un MBA en finanzas. Susan hizo su BA en ciencias políticas en la Universidad Duke. Después de cuatro años de matrimonio, mientras John era una estrella naciente en la división de préstamos comerciales de un gran banco nacional y Susan una directora asistente de un comité de acción política sin fines de lucro, tuvieron un hijo. Tres años más tarde, tuvieron una hija. Susan decidió convertirse en ama de casa, dejando la función de proveedor directamente sobre John.

A medida que los chicos crecían, así crecían las responsabilidades de John en el trabajo. Era común para él trabajar 50, 60 o incluso 70 horas a la semana. Susan disfrutaba de ser mamá, pasando sus tardes entre las prácticas de fútbol, lecciones de baile, clases de karate y de natación. Por las noches, cenaba con los niños, dejando un plato de comida para John.

Prosperaban financieramente. Para el momento en que los chicos fueron a la universidad, John era un vicepresidente ejecutivo y Susan, quien nunca regresó a trabajar tiempo completo, estaba en la junta de directores de tres organizaciones locales. Sus vidas habían sido un éxito, excepto que las habían vivido virtualmente separados. Aunque habían invertido más de 25 años cada uno en el otro, no podían descifrar por qué todavía se sentían tan insatisfechos personalmente, mientras que en los ojos de todos los demás parecían tenerlo todo.

Tristemente, a muchos otros ni siquiera les va así de bien. Las estadísticas muestran que los matrimonios fallan a un promedio alarmante, las parejas frecuentemente sufriendo de problemas múltiples. Las parejas separadas sufren con problemas de custodia, pensión conyugal, manutención de los hijos y dos residencias, que llevan a vidas fracturadas.

Reitero, muchas parejas no tienen grandes objetivos compartidos, aparte de quizá criar a los chicos. Si colocan sus metas individuales sobre el bienestar común, sin considerar lo que sería

Si colocan sus metas individuales sobre el bienestar común, sin considerar lo que sería lo mejor para la relación, se están encaminando a los problemas...

lo mejor para la relación, se están encaminando a los problemas o por lo menos, a la infelicidad. Necesitan identificar y trabajar hacia un propósito común, viendo el panorama general de sus vidas como un equipo cohesivo y sinérgico.

Pareja B—*George y Marilyn*

George estaba casado, tenía dos hijos adolescentes y estaba en sus cuarentas cuando, por primera vez, vio la oportunidad que le presentó su amigo Mack. Su esposa Marilyn, de 32 años, estaba escéptica y rehusó a ir con él, advirtiéndole: «No te hagas ninguna idea extraña acerca de ganar un millón de dólares o firmes nada mientras estés allí».

Su reticencia era fácil de entender. Ella estaba viviendo cómodamente y también parecía disfrutar de su trabajo de medio tiempo como transcriptora médica. Seguro que George estaba ganando un buen salario en su empleo corporativo, pero ya no tenía control sobre su tiempo. El jefe continuaba exigiendo más de él, haciendo imposible tener cenas familiares juntos, puesto que trabajaba tarde cada noche. Cuando Marilyn o los chicos se quejaban, George les preguntaba: «¿Cómo voy a subir la escalera del éxito y proveerles una mejor vida?».

Luego apareció Mack. Siendo un amigo cercano desde la universidad, compartió con George cómo él y su esposa Sue estaban construyendo una considerable organización de dueños de negocio independientes alrededor del país. Mack siempre era bueno para hacer amigos y ahora estaba usando esa habilidad, junto con la de Sue, para generar más ingreso.

George se emocionó acerca de la posibilidad de tener su propio negocio y trabajar con Marilyn. Por lo tanto, comenzó un negocio, asociándose con Mack y Sue.

George admiraba que Mack tuviera a Sue trabajando con él. No obstante, aunque Marilyn se negó a ayudarlo, George, mientras todavía tenía su empleo, siguió construyendo un negocio exitoso con el poco tiempo que le quedaba. Marilyn, quien era muy adepta a encontrar formas de gastar el nuevo ingreso que ganaba George, finalmente decidió unirse a él, después de que se retiró de su empleo de tiempo completo.

Lo cierto es que le había tomado a Marilyn un tiempo adoptar la idea, pero esto provocó muchas carcajadas cuando compartía su historia. Tanto ella como George enseñan que el que tiene el sueño, necesita ir adelante y hacer lo que sea necesario para convertirlo en un éxito, con o sin la ayuda de su cónyuge.

Este enfoque ha demostrado ser la clave para potencialmente convencer, con el tiempo, al cónyuge reacio para unirse. Cuando el sueño es lo suficientemente grande, nada puede impedirles alcanzarlo, incluso las objeciones o excusas de su cónyuge. Después de todo, alguien tiene que tener la visión de un futuro más brillante y ser lo suficientemente fuerte para tomar la delantera y convertirlo en una realidad.

Pareja C—*Larry y Anne*

Anne y Larry se conocieron cuando ambos tenían 16, salieron juntos por casi un año, se casaron y luego se mudaron a un departamento. Dentro de un año, tuvieron una bebé llamada Amber, quien llegó un poco a destiempo, pero afortunadamente, estaba sana. Larry se graduó de la preparatoria en mayo, mientras Anne obtuvo su diploma a través de un programa de estudios en casa.

Larry obtuvo un empleo como aprendiz en la reparación de aire acondicionado con una compañía propiedad de un familiar amigo. El sueldo no era tan grande, pero Larry consideraba que ofrecía un futuro. Anne se quedó en casa con Amber por cuatro meses. Luego, para ayudar a pagar las cuentas, fue a trabajar como mesera en un restaurante en el horario de las 4 a las 11, cuatro noches a la semana. Su mamá se quedaba con Amber hasta que Larry llegaba a casa del trabajo—algunas veces a las 6 y otras veces más tarde.

Larry trabajó duro, obtuvo su certificación y se convirtió en el líder del primer turno. Anne logró entrar a restaurantes más grandes y mejores, ganando propinas sustanciales. No obstante, las cuentas siempre parecían ser mayores que sus ingresos, mientras que la cuenta de banco siempre parecía tener menos cada mes.

Larry expresó a Anne una preocupación seria de que él verdaderamente no la conocía y ella tampoco a él. Comentó que nunca pasaban tiempo juntos y no tenían nada en común aparte de Amber. Admitió que no eran la familia que él esperaba. Ella compartió su consternación ante la situación en la que se habían metido, pero no sabía qué hacer al respecto.

Para una felicidad definitiva—las parejas necesitan compartir objetivos

Hasta las parejas con situaciones así de desafiantes pueden tener esperanza al establecer objetivos compartidos. Hemos descubierto que construir un negocio juntos es la mejor manera de hacer eso.

Antes de que verdaderamente nos comprometamos a la relación, estamos enfocados en nuestros propios intereses. Sin embargo, para ser verdaderamente felices, necesitamos tener objetivos compartidos. Abraham Maslow, un psicólogo del siglo XX, fue el primero en escribir acerca de la idea de que toda la gente tiene las mismas necesidades básicas. Hoy en día, deseamos que se hagan realidad: comida, agua, ropa y albergue.

La gente, especialmente aquellos que viven en naciones desarrolladas, dan por hecho las necesidades básicas. Cosas que solían ser tomadas como deseos han sido elevadas al nivel de necesidades—automóviles y otras formas de transportación, televisión, computadoras, acceso al Internet, dispositivos móviles, alimentos finos y la lista sigue.

Después de que nuestras necesidades básicas han sido satisfechas y tenemos una existencia lo suficientemente cómoda, muchos incrementan el valor asignado a cosas tales como: amor, confianza, aceptación, compañerismo, nutrimento, significado y propósito. Todas las posesiones del mundo no pueden sustituir la falta de éstas. ¿Están desarrollando esas cualidades en su matrimonio?

Entre más afectivas sean las necesidades, más se requiere tener objetivos compartidos para satisfacerlas. Trabajar estrechamente en un esfuerzo común es la mejor manera que conocemos para hacer esto. El construir su negocio causa que ustedes edifiquen su relación, enriqueciendo su matrimonio y su vida familiar.

El amor y la confianza se aprenden y se ganan

La primera vez que conocieron a su cónyuge, puede que se hayan sentido atraídos e incluso, obsesionados con él o ella. Ojalá que su amor haya profundizado y madurado con el tiempo. Aprendemos a amar a alguien verdaderamente al invertir tiempo y aprender más de él o ella, descubriendo sus intereses, deseos y necesidades, mientras contribuimos a satisfacerlas.

La confianza en las relaciones puede ganarse o

erosionarse en la medida en que observas lo que el otro(a) hace, cómo reacciona él o ella o responde a las situaciones de la vida y cómo te trata la otra persona. Los matrimonios que florecen lo hacen porque los cónyuges están creciendo en amor y confianza.

Los matrimonios que florecen lo hacen porque los cónyuges están creciendo en amor y confianza.

El trabajar juntos les da más tiempo para invertir el uno en el otro, así como en su relación, permitiéndoles conocer mejor a la persona con la que se casaron. Pueden experimentar más ampliamente todas las áreas de su vida—trabajo, familia, ocio, espiritual, financiera, física, mental y social—¡en formas y a una profundidad que los cónyuges que trabajan separados simplemente no pueden!

Agreguen a cualesquier hijos que puedan tener a la mezcla de su negocio y vidas personales, y comenzarán a vislumbrar el nivel considerable de amor y confianza posible al vivir sus vidas enteras juntos.

La aceptación se construye con amor

Trabajando juntos con su cónyuge tiende a sacar todas sus cualidades a la luz—ya sean deseables o no. Sin embargo, cuando ustedes honestamente se aman el uno al otro, se aceptan incluso cuando exhiban comportamientos chapuceros. Esto entonces les da la oportunidad de apoyarse el uno al otro a superarlos.

Es posible que noten que ambos demuestran diferentes rasgos de personalidad en su negocio que los que hayan demostrado solo viviendo juntos. El estar juntos por un tiempo limitado cada día, como lo hacen las parejas con empleos, no les permite crecer en su matrimonio como podrían de otra manera.

Uno de los más grandes beneficios del amor, la confianza y la aceptación que ustedes como pareja han aprendido y ganado al estar juntos en su negocio es que enriquece su matrimonio. Cuando luchan contra los desafíos juntos y celebran los éxitos juntos, experimentarán su matrimonio a un nivel más profundo, como nunca.

Su gozo puede incrementar con las experiencias que comparten

Si juegas al golf, ¿has logrado un hoyo cuando estuviste solo, deseando que ojalá su esposo o esposa hubiera estado allí para verlo? ¿Alguna vez has estado en un viaje de negocios y experimentado una puesta de sol deslumbrante, deseando que él o ella estuviera allí contigo para verla?

La mayoría de nosotros deseamos compañerismo. Queremos compartir nuestra vida con ese alguien especial. Para la mayoría, ese es un cónyuge que queremos tener como nuestro compañero(a) de vida.

Trabajar juntos les brinda una variedad de experiencias que ustedes dos nunca hubieran tenido la oportunidad de compartir de otra manera. Hacer su primera venta, asociar a un nuevo cliente o socio, firmar su primer contrato o ganar su primera ganancia trimestral serán cosas que los dos recordarán. Compartir esas victorias juntos puede solo incrementar el nivel de compañerismo, amor y respeto que ya se tienen el uno por el otro.

Cuídense el uno al otro

Cuando somos niños, se supone que seremos criados y nutridos. Como padres, debemos nutrir. Como cónyuges, ambos debemos dar y recibir nutrimento. El trabajar juntos nos brinda más oportunidades para hacerlo.

Un cónyuge puede nutrir al otro, al pacientemente enseñarle una nueva habilidad o ser un apoyo a través de un revés. Algunas veces, se nutrirán el uno al otro a través del desafío. Encuentren oportunidades todos los días para hacer eso y optimizarán su relación.

Su propósito familiar se volverá más integral

Debido a que su negocio se convierte en parte de su vida diaria, sentirán un nuevo sentido de propósito. La causa común que compartirán con su cónyuge, o quizá con los hijos que se les hayan unido, puede afectar positivamente cada aspecto de sus vidas.

Repentinamente, se darán cuenta que mientras puede que hayan trabajado hacia la meta común de proveer y mantener a su familia como una unidad, ahora lo verán más claramente. Verán personalmente los esfuerzos que cada uno pone para convertir su negocio en un éxito. A medida que avanzan, se hará más evidente que verdaderamente son un equipo cohesivo e impulsado por un propósito.

Un compromiso mayor lleva al crecimiento personal y el desarrollo del liderazgo

El trabajar juntos en su propio negocio requiere un compromiso mayor con su relación, lo cual conduce a una conciencia más profunda sobre la necesidad del desarrollo del liderazgo en la familia. Inviertan sus vidas completamente en su matrimonio y familia y construyan un negocio juntos. Las recompensas son mucho mayores de lo que pudieran imaginar. No hay nada como eso. Sin riesgo, no hay recompensa; sin inversión, no hay valor.

10

El involucrar a los hijos en su negocio

¡La pequeña Karen es una gran vendedora!

Aquellos de ustedes con hijos no pueden evitar pensar cómo serían afectados los niños al construir un negocio en casa. Ya sea que sean jóvenes y energéticos o adolescentes y a veces de mal humor, los hijos son probablemente la parte mayor de su vida juntos. Por lo tanto, en cualquier plan de negocio que edifiquen, consideren el lugar de ellos en su familia, su negocio y su futuro.

Todos hemos escuchados historias acerca de tiendas, fábricas y granjas operadas con la ayuda de toda la familia y luego tomadas a cargo y manejadas por generaciones de hijos—perpetuando una herencia a través de generaciones. Nombres como Carnegie, Vanderbilt y Rockefeller nos llegan a la memoria. Hay mucho dinero que es heredado y negocios que se construyen con la herencia. Trabajaron diligentemente por eso y construyeron un imperio.

Tal vez un amigo, vecino, conocido o familiar puede estar operando un negocio que fue iniciado y dejado en herencia por la generación previa. Hank's Hardware en la calle Main puede que sea de la propiedad de Hank II; y cuando acuden allí, pueden conocer al joven Hank III, el propietario en entrenamiento.

Quizá uno de ustedes es parte integral de una familia así. Si no, puede que se hayan preguntado cómo hubiera sido diferente su vida si su familia hubiera construido un negocio juntos. Probablemente hubieran visto más a sus padres y tal vez, dependiendo del tamaño de su familia, más a sus hermanos y hermanas también. Eso no incluye las posibles ventajas financieras que sus padres hubieran podido haberles ofrecido a través de legar su negocio exitoso y operado por la familia.

Por lo tanto, quizá parte del sueño que ustedes como marido y mujer comparten se parece a algo así:

> Empezar a construir un negocio que no solo emplee a nosotros dos, sino que pueda incluir a nuestros hijos y sus hijos de generaciones por venir.

¿Por qué traer a los hijos al negocio?

Hay muchas razones por las cuales desear incluir a sus hijos en el negocio. Pueden ser similares a lo que Andrew Carnegie puede haber querido para su familia.

Primero, les gustaría saber que sus hijos están haciendo algo que valga la pena con su tiempo libre. Un desafío frecuente al criar hijos se trata de que usen su tiempo en actividades sanas y productivas más de que encuentren lo que sea para ocupar su tiempo. Hay muchas cosas que hacer, pero algunas no son ni productivas ni saludables.

Por lo general, la televisión no solo falla en enseñar moralidad básica, sino que también presenta predominantemente noticias negativas y violencia, así como comerciales que tientan a los televidentes a comprar cosas que no pueden. Los videojuegos y los juegos en línea son en gran medida una pérdida de tiempo.

> *...ustedes desean enseñar a sus hijos responsabilidad y demostrar una ética de trabajo buena y saludable.*

Segundo, ustedes desean enseñar a sus hijos responsabilidad y demostrar una ética de trabajo buena y saludable. Uno de nuestros refranes favoritos es: «Entre más me empeño en el trabajo, más suerte tengo». La mayoría del tiempo, sin importar lo que los chicos piensen … la suerte nada tiene que ver con el éxito.

Necesitan aprender que no solo es el trabajo duro, sino también el trabajo inteligente y la perseverancia lo que marca la diferencia. Las crónicas de los millonarios están llenas de historias acerca de cómo han pasado de estar quebrados a ser ricos.

Tercero, puede que ustedes deseen construir una empresa para el futuro de sus hijos—no solo para pagar cuentas, sino para proporcionarles una gran misión a la que ellos pudieran dedicarse.

Finalmente, es probable que tengan habilidades tecnológicas y para medios sociales que podrían ser muy útiles para el negocio.

Pero, en cualquier caso, sean abiertos al aceptar que sus hijos podrían querer hacer algo diferente en sus vidas adultas que ser parte del negocio familiar. Ya sea que continúen o no trabajándolo como adultos, participar en el negocio puede ser una experiencia de crecimiento maravillosa para ellos.

Un amigo nuestro, con tres adolescentes, comenzó un negocio de corretaje desde el sótano de su casa después de que su empleador lo había recortado. Esto le enseñó la primera lección dura—la única manera de ofrecerle estabilidad financiera a su familia era ponerse él mismo en una posición donde pudiera controlar las decisiones.

A medida que el negocio creció, su esposa se unió a la compañía. Unos cuantos años después, su hija aprendió el negocio y se convirtió en una valiosa adición. Para su alegría, su hijo, un estudiante universitario, pasa sus descansos y vacaciones de verano aprendiendo y ayudando en el negocio.

Ellos sienten que la cosa más significativa que han logrado es construir un negocio que les ofrece a todos ellos oportunidades de carrera con posibilidades ilimitadas que difícilmente hubieran encontrado en algún otro lado.

Imaginen a su familia trabajando felizmente juntos en su negocio

Aparte de su vida personal en casa, no hay un mejor lugar que el negocio familiar para enseñar valores a sus hijos. En la medida en que ustedes como cónyuges cambien de solo ser socios en el amor a ser también socios juntos en el negocio, ¿por qué no involucrar a sus hijos? Una de las recompensas de ser trabajadores independientes es que pueden incluir a sus hijos. Todos ustedes aprenderán a trabajar unos con otros de una forma profesional, pero agradable e incluso divertida y emocionante.

Una cosa ocurrirá rápidamente—estarán pasando más tiempo de calidad, de uno a uno, con sus hijos. También podrán enseñarles responsabilidad,

...no hay un mejor lugar que el negocio familiar para enseñar valores a sus hijos.

relaciones humanas y cómo ganar dinero al tener un empleo en su negocio, más extensivamente. Darles una asignación semanal o pagarles para hacer tareas hogareñas no puede lograr esas cosas en absoluto.

Cuando sus hijos están trabajando en el negocio, es como otro mundo—un mundo de la vida real de ayudar a otros, aprender ética de trabajo, riesgo y recompensa, oferta y demanda, ingresos y pérdidas. No se trata de que solo limpien la mesa después de la cena. Cuando participan en el negocio, se convierte en un trabajo real.

La mayoría de los graduados de la preparatoria y la universidad nunca aprovechan la oportunidad de convertirse en empresarios; pero el estar expuestos a la idea a través de la empresa familiar hace más fácil hacer eso. Si deciden no estar involucrados en el negocio familiar, pueden cambiar de idea después.

Independientemente, les han mostrado una opción que puede permitirles llevar vidas extraordinarias, mientras que los horizontes de la mayoría de los chicos están encasillados por el escenario del trabajo. Pueden tener un empleo por un tiempo, para aprender su campo o arte, pero es más probable que cambien hacia su propio negocio.

Así como todo lo demás en su negocio, hay un par de cosas de las que tienen que estar conscientes desde el principio. Primero, llevará tiempo y un esfuerzo extra y probablemente, paciencia extra para incluir a sus hijos. Mientras que la idea de trabajar con mamá y papá pueda parecer como una gran idea, la realidad de tener responsabilidades puede no parecer tan divertida como jugar juegos en la computadora—no al principio, al menos—pero puede ser mucho más gratificante.

> *También podrán ofrecerles lo que la mayoría de los padres no pueden— dinero REALMENTE ganado de un empleo REAL...*

El mantenerlos interesados y desafiados será la clave, tal como con algunos empleados. Si su función es fija y nunca se les permite evolucionar, extenderse y crecer, asumir más y diferentes responsabilidades, pueden caer en el desinterés, desalentarse, e incluso llegar a estar descontentos.

No obstante, los beneficios son claros: Habría menos o nada de guardería y el lidiar con su gasto, lo cual puede ser estresante tanto para los niños como para nosotros. Sus hijos no tendrán tiempo para malgastarlo frente al televisor—y su influencia negativa—jugando Wii y juegos de computadora, enviando textos, mensajes instantáneos, medios sociales o navegando en el Internet.

Ustedes también podrán ofrecerles lo que la mayoría de los padres no pueden—dinero **realmente** ganado de un empleo **real** y la responsabilidad que viene con ello, en lugar de solo darles una asignación por hacer nada.

Un negocio familiar puede ser divertido y educativo

Incluir a sus hijos en su negocio puede ser divertido, educativo, alentador, esclarecedor y económico. Estarán contentos cuando vean a sus hijos abordar una tarea y completarla a su propia, y quizás única, manera.

Probablemente hayan disfrutado el observar la primera vez que sus hijos dieron un paso o se amarraron los zapatos. Solo imaginen qué tan bien se sentirán observando la primera vez que contesten el teléfono, clasifiquen el correo, envíen correos electrónicos o textos de negocios o hagan una venta.

> *Cuanto más aprendan de ustedes, menos aprenderán de alguien más...*

El hacer que sus hijos se unan al negocio les da más tiempo para aprender de ustedes. Cuanto más aprendan de ustedes, menos aprenderán de alguien más—especialmente aquellos que no estén tomando en cuenta lo que mejor les conviene.

Esto es también verdad cuando piden a sus hijos que

hagan la tarea en su oficina o cerca. Están trabajando juntos en sus propios proyectos, resolviendo retos más o menos de hombro a hombro, construyendo un vínculo más cercano. Puesto que los chicos tienden a copiar lo que ustedes hacen en lugar de lo que dicen, puede que los encuentren invirtiendo más tiempo y esfuerzo en sus tareas escolares a medida que imitan su laboriosidad. Sean dignos de que los emulen y aliéntenlos a hacerlo.

Para algunas ideas frescas, saquen a colación una situación del negocio en la que les gustaría algo de ayuda, ya sea a la hora de la cena o en su oficina. Háganlo como un juego para descubrir quién puede tener la mejor solución posible. Puede que no encuentren su respuesta instantáneamente, pero lo que aprendan puede ser útil. Como mínimo, ustedes y su familia habrán tenido la oportunidad de trabajar juntos otra vez, ayudando a expandir los pensamientos de todos.

Involucren a sus hijos a niveles apropiados con su edad

Den a sus hijos chicos tareas simples de realizar, tales como archivar fácil o meter correspondencia en sobres. Quizá puedan hacer arreglos para que ellos estén cerca mientras realizan estas tareas, sin interrumpir o distraerlos a ustedes cuando estén hablando por teléfono con clientes o asociados.

Ustedes están dando el ejemplo de cómo una persona de negocios opera, a la misma vez que los ayudan a incrementar su autoestima, puesto que se sentirán importantes y necesarios.

Los hijos más grandes pueden ayudarles con tareas

más sofisticadas. Traten a cada uno como un aprendiz. Pueden asistir a seminarios relacionados con los negocios, sesiones de entrenamiento, convenciones, juntas de oportunidad, demostraciones y ferias de productos o servicios y otras reuniones asociadas con su negocio. Cuanto más se involucren en estas actividades al recibir a la gente, preparar bocadillos u otras tareas apropiadas a su edad, más aprenderán a desarrollar confianza. Sean creativos para incluirlos.

Reserven el tiempo familiar

Asegúrense de dedicar algo de tiempo personal a sus hijos. Enfóquense solamente en ellos—apagando el teléfono. Mírenlos y escúchenlos, tóquenlos y abrácenlos, y muéstrenles que los aman y los atesoran.

Programen un tiempo familiar cada semana donde hagan algo divertido juntos. Preparen un picnic y vayan al parque, vayan a nadar, vayan de paseo en bicicleta y jueguen básquetbol, hagan una sorpresa especial en la cocina, jueguen un juego o solo siéntense en la sala familiar y platiquen.

Comuníquenles a sus hijos que son importantes como personas

Comuníquenles a sus hijos que son importantes como personas—no solo como un extra par de manos en su negocio. El tiempo de diversión familiar les ayuda a comunicar esto. También brinda algo del equilibrio que suele ser tan necesario para lo que puede ser una vida muy ocupada de trabajar en sus empleos y construir su negocio, así como compaginar responsabilidades familiares y otras personales.

Chuck

Cuando estaba creciendo, mi mamá trabajaba a tiempo completo como gerente de una tienda de música. Puesto que yo amaba la música, no podía imaginarla trabajando en un mejor lugar. Después de la escuela, pedaleaba mi bicicleta a la tienda, tocaba los instrumentos y escuchaba música.

Amaba tanto la tienda de música que para el momento en que tenía 14, quería trabajar allí. Para ese momento, no había leyes en contra de emplear a un chico de 14 años, por lo tanto, mamá me puso a trabajar. Yo aspiraba los pisos, descargaba mercancía y hacía casi todo lo que se necesitara para mantener el lugar en orden. Me comenzaron a «pagar» con un álbum de música favorito o un juego de cuerdas de guitarra. Eso era genial, puesto que no tenía dinero para comprar cosas por mí mismo.

Al ver qué tan duro trabajaba mi mamá, adopté de forma natural su ética de trabajo, aprendiendo acerca de los negocios y lo que significa trabajar diligentemente.

Trabajé allí a lo largo de todos mis años de la preparatoria y durante los veranos de mis años universitarios. No me di cuenta en el momento, pero estaba aprendiendo mucho acerca de los negocios y la vida mientras trabajaba al lado de mi madre.

Sé qué tan duro trabajó mi padre, puesto que fue trabajador independiente desde los 25 años, por lo que le tengo un aprecio muy especial. No obstante, al ver qué tan duro trabajaba mi mamá, adopté de forma natural su ética de trabajo, aprendiendo acerca de los negocios y lo que significa trabajar diligentemente.

No recuerdo que mamá haya cerrado temprano o abierto tarde—sin importar cuánto lo deseara algunas veces. Nunca faltó a un día de trabajo fingiendo enfermedad y recuerdo que tomaba muy pocos días de enfermedad reales. Mamá siempre daba a los clientes el beneficio de la duda y disfrutó de mucha lealtad, porque ofrecía un servicio de alto nivel. También hacía depósitos bancarios diarios para mantener la fluidez de efectivo.

Una cosa nunca se me ocurrió hasta que crecí y me encontré bien avanzado en mi propia carrera. Mamá me proporcionó una forma grandiosa de no meterme en problemas al permitirme trabajar con ella. Por suerte, yo no estaba inclinado a meterme en problemas de todas maneras. Pero si lo hubiera estado, ciertamente hubiera sido mucho más difícil hacer diabluras, considerando la cantidad de tiempo que pasaba con ella. Tenía que trabajar para pagar las cuentas, pero ella habilidosamente encontró una forma de criarme mientras lo hacía. Fue una hermosa experiencia que siempre recordaré.

Alentar y enriquecer

No son solo sus hijos los que se beneficiarán de trabajar a su lado. ¡Ustedes también se beneficiarán al trabajar con ellos! Uno de los beneficios será la tranquilidad que tendrán.

Cuando sus hijos trabajan con ustedes, sabrán

exactamente dónde están, en qué están involucrados y lo que probablemente están aprendiendo. Lo más importante es que sabrán exactamente quién tiene la mayor influencia en moldear sus vidas—ustedes.

Toma tiempo operar su negocio e incluir a sus hijos. Las posibilidades son excelentes de que ustedes aprenderán cómo ser, incluso, mejores padres cuando los vean en acción e interactúen. Conviértanlo en tiempo bien invertido.

A medida que trabajen con ellos y los observen cumplir tareas más sofisticadas, podrán observar de primera mano cómo sus hijos usan sus fortalezas, talentos y habilidades para realizar el trabajo. También tendrán oportunidades adicionales para ayudarles a maximizar sus fortalezas y minimizar sus debilidades mientras los preparan para la vida adulta.

Es muy probable que ustedes podrán utilizar los talentos, intereses y habilidades de sus hijos en el negocio. Sentirán un asombroso sentido de logro, con todos metiéndole ganas juntos, trabajando duro por las mismas metas y sueños. Hay pocas cosas que podrían hacer como padres que tengan el potencial de producir tanta satisfacción y dicha.

Aprill

Mi padre trabajó como gerente de producción en el periódico de nuestra ciudad. Cuando yo era una adolescente, él decidió ponerme a trabajar medio tiempo en la mesa de redacción. Aunque teníamos una gran relación y no había nada que yo quisiera más que hacer un buen trabajo, simplemente no estaba interesada.

Después de unos cuantos días de lágrimas y frustración, le dije a mi padre que lo que yo realmente quería hacer era escribir artículos para el periódico. Sin embargo, no había un empleo de medio tiempo disponible para una adolescente inexperta. No obstante, obtuve algunas oportunidades apasionantes de escribir algunos artículos complementados con fotos y firma de autor. No podía estar más feliz.

Lo más importante fue que mi padre y yo aprendimos que nuestros talentos y fortalezas no necesitaban ser idénticas para compartir un interés en el mismo negocio.

Una ventaja económica

El trabajo que hacen sus hijos en su negocio puede ahorrarles tiempo y dinero, e incluso podría hacerles ganar dinero para el negocio.

Algunos de nuestros amigos, que también son proveedores, tienen un estudio de fotografía comercial. Su negocio emplea tanto al marido y la esposa como su hijo e hija. Sus hijos tienen diez y siete años y trabajan en el estudio tres o cuatro tardes por semana. El esposo es el fotógrafo principal y es la persona principal que maneja e interactúa con los clientes. La esposa es una diseñadora de alimentos; organiza accesorios para las sesiones de fotografías y maneja las cuentas y las finanzas.

Después de terminar su tarea escolar en el área de trabajo, los chicos trabajan en sus propias responsabilidades en el negocio. Hacen un montón de tareas simples, como vaciar botes de basura, barrer pisos y limpiar equipos.

Como bono, los chicos tienen la función de activos para el negocio, trabajando como modelos de vez en cuando para ciertos clientes cuando es necesario. Como modelos de buena calidad, son comparables a las agencias de modelaje profesionales y están disponibles a una tarifa reducida; las fotos de los niños han aparecido en reportes anuales, catálogos, folletos corporativos y una variedad de otros materiales de publicidad.

Diversas industrias, desde compañías de alimentos hasta fabricantes de equipos eléctrico externo y contratistas de mejoramiento de casas se han beneficiado de este bono agregado y esta idea económica.

A los chicos se les enseña a ahorrar el 75% de sus ingresos y sus asignaciones han sido eliminadas y reemplazadas por el ingreso que ganan.

Puesto que su compañía está estructurada como una corporación, nuestros amigos pueden pagar a los niños hasta el límite legal, permitiéndoles proteger algunos de los ingresos de la compañía de impuestos. A los chicos se les enseña a ahorrar el 75% de sus ingresos y sus asignaciones han sido eliminadas y reemplazadas por el ingreso que ganan.

Como resultado, los niños dan más consideración a sus compras personales y tienen más aprecio del valor del dinero. También entienden el invertir y sus beneficios. Ambos chicos tienen carteras de inversión crecientes que, en ocho a doce años, harán más que pagar sus estudios universitarios.

Sus hijos no necesitan tener un interés en cada aspecto de su negocio para hacer una contribución valiosa. Digamos que tienen a un adolescente o estudiante universitario que ama trabajar en las redes sociales. Al compartir lo que ustedes hacen, él o ella podría encontrar a otros que compren productos y servicios a través de su negocio.

Si su hijo o hija es un genio creativo con las computadoras y ustedes tienen un negocio minorista, él o ella podría expandir su negocio al Internet por una fracción del costo de un diseñador profesional. Si está tomando un curso de diseño en redes en la escuela, hasta podría hacerles su sitio de Internet como proyecto escolar. Si tiene éxito, sus esfuerzos podrían evolucionar hacia un negocio extra, ofreciendo diseño de páginas de Internet y servicios de desarrollo.

Su negocio puede especializarse en fotografía fija, pero su adolescente podría tener aspiraciones cinemáticas. Podrían expandir su negocio para incluir videografía e invitarlo a él o ella a que trabaje con ustedes. Alienten a sus hijos a expresarse ellos mismos y lo que más aman hacer a través de su negocio y es probable que crezcan y aprendan de formas que nunca imaginaron.

Nunca es demasiado pronto

Si sus hijos son demasiado jóvenes para ayudar, despierten su interés ahora. De esa manera, cuando estén lo suficientemente grandes, puede que tengan el deseo de ser parte de su negocio. Si ustedes venden productos, explíquenles cómo funcionan y qué es lo que hace que sean especiales. Den a sus hijos recipientes de producto vacíos (siempre y cuando sean seguros para que jueguen con ellos) y ayúdenles a crear su propia tienda imaginaria.

Podrían explicarles que después de que vendan suficientes productos, dentro de unos cuantos meses la familia puede tomar un viaje al parque de diversiones o tomar unas vacaciones. Les estarán enseñando acerca de la gratificación tardía y cómo trabajar hacia un objetivo. Puede que los encuentren entusiastas acerca de su negocio.

> *Les estarán enseñando acerca de la gratificación tardía y cómo trabajar hacia un objetivo.*

Si proporcionan un servicio, muéstrenles lo que hacen y cómo lo hacen. Tal vez no entiendan algo tan complicado como un programa de diseño en computadora, pero entenderán el escaneo computarizado de una fotografía de ellos mismos con un sombrero gracioso. Si ustedes hacen planos para casas, muéstrenles cómo hacerlo, de principio a fin. Asegúrense de incluir algunos juguetes de construcción en su colección de juguetes. Pueden jugar a un lado mientras ustedes trabajan, desarrollando creatividad.

Si están en el negocio de preparación de impuestos, muéstrenles una forma de impuestos llenada. Explíquenles que debido a que ustedes llenaron la forma y ayudaron a la persona a ahorrar dinero, ahora ellos podrán comprarles a sus hijos algo especial. Encuentren formas apropiadas para su edad de involucrar hasta a los miembros más jóvenes de su familia, tan pronto como consideren que sea razonable hacerlo.

A medida que sus hijos maduren, pueden fácilmente involucrarlos en cumplir con pedidos, asear la oficina, archivar, triturar papeles desechados, contestar el teléfono y otras cosas dependiendo de la naturaleza de su negocio y sus habilidades e inclinaciones.

...qué mejor manera de enseñar comercio y negocios a sus hijos que al compensarlos por sus contribuciones al negocio!

Por supuesto, es probable que esperen ganar algo de dinero por sus servicios, ¡pero qué mejor manera de enseñar comercio y negocios a sus hijos que al compensarlos por sus contribuciones al negocio! Merecerán que les paguen. Ahora son parte del negocio, tal como lo habían visualizado.

Don y Deana

Al principio, Don y Deana dudaban en incluir a los niños de ocho y trece años en su negocio de productos de cuidado de la piel. Scott, el de ocho años, con su energía interminable y preguntas, podía ser una gran distracción. Karen, la menuda, acabada de convertirse en adolescente, estaba—digamos—pasando por los retos de la adolescencia. Sin embargo, a medida que crecía el negocio y requería más del tiempo de Deana, ella y Don eligieron dar a los chicos tareas por las tardes en la casa, así como en el negocio.

Crearon una lista de productos para incluirse en los kits de ventas y era el trabajo de Scott verificar y reabastecer los kits después de cada llamada de negocios. Él también vaciaba los botes de basura, barría y pasaba la aspiradora. Deana pasaba un tiempo con Karen y le enseñó cómo contestar el teléfono de forma profesional, y también le mostró cómo estaba organizado el sistema de archivo.

No obstante, la sorpresa más placentera llegó cuando la pequeña Karen, por su propia iniciativa, comenzó a vender productos a sus amigos y a los padres. Don y Deana rápidamente se dieron cuenta que esta era una ruta muy natural para una jovencita y sus amigas, quienes de repente estaban interesadas en su apariencia y formas de verse mejor.

Ahora, la familia necesitaba discutir cómo los chicos, especialmente Karen, serían renumerados por su trabajo. Dentro de algunos meses, después de que Karen le dijo a una amiga acerca de lo que sus padres estaban haciendo, los padres de su amiga también decidieron comenzar a compartir y vender los productos.

Repentinamente, Karen tenía una función en construir el negocio familiar. Don y Deana decidieron que Karen podría gastar un porcentaje de sus ingresos, pero el resto lo invertiría en su educación universitaria.

La parte más apasionante era que a medida que Karen creciera, podría seguir haciendo que el negocio le sirviera a través de la universidad y más allá. No habría necesidad de que consiguiera un trabajo de medio tiempo, el cual posiblemente hubiera requerido que tuviera un auto en el campus o la mantuviera trabajando hasta altas horas. Podría hacer su tarea escolar, seguir compartiendo y promocionando los productos y todavía tener tiempo para disfrutar de todo lo demás que la vida universitaria le ofrecía.

Seis años más tarde, con Karen lejos en la escuela, Don y Deana comenzaron a ayudar a Scott a encontrar funciones más importantes en el negocio. Esto les permitió tener fondos para su educación universitaria y proporcionarle experiencias que podrían darle mayores ventajas como adulto.

Unos cuantos años después, estaban sorprendidos de cómo su familia había logrado tanto. Puede haber sido poco en términos monetarios, pero en el esquema mayor de las cosas, ¿realmente era poco? No, absolutamente no. Don y Deana se dieron cuenta de que el factor y beneficio más importante de su éxito fue haber logrado que ocurriera como familia.

Todos aportaron y todo funcionó a la perfección. Los chicos recibieron mucho amor y atención y como resultado, florecieron como adultos excelentes y felices. Ahora era difícil creer que alguna vez hubieran tenido dudas. Observaron que, si otras familias tan solo pudieran trabajar juntas, esas familias también experimentarían más felicidad y gozo … así como mayor éxito.

Sean un gran ejemplo para que sigan sus hijos

Los propietarios exitosos de negocio en casa han superado tiempos difíciles, tensiones en sus relaciones y otros desafíos personales y empresariales. Ellos no culparon a otros por sus situaciones, no renunciaron y no pusieron pretextos. Siguieron trabajando en crecer ellos mismos y hacer crecer su negocio, caminando, los dos, de la mano.

Cuanto más difíciles las situaciones, más duro trabajaron. A través de paciencia y perseverancia, se ganaron el derecho de disfrutar de los frutos de su trabajo.

El hacer todas estas cosas crea un gran ejemplo para sus hijos mientras trabajan a su lado.

11

Dulce oficina en el hogar ... Hogar dulce en la oficina

¿Tener menos control en un empleo o mayor control en casa? Esa es la pregunta

¿Están totalmente complacidos de cómo van las cosas en su trabajo? ¿Están cansados de estar estresados? ¿Más que hartos del tráfico? ¿Ha pasado mucho tiempo desde la primera vez que anhelaron salir de esa situación? ¿Es el trajín diario de casa-trabajo/trabajo-casa algo que les gustaría eliminar?

Quizá eres una esposa y madre a quien le gustaría tener su empleo desde la casa, haciendo todo lo que ahora logras en la oficina, mientras tus bebés están durmiendo y/o tus hijos están en la escuela. Entremezclado con hacer el trabajo por el que te pagan, te gustaría poder poner la cena en el horno mientras la lavadora y secadora están trabajando. Podrías acudir a la compañía una o dos veces a la semana, trabajando en casa los otros días por medio de un enlace remoto—haciendo lo que sea que su trabajo demande. ¿Alguna vez han considerado que esto ofrecería una buena transición hacia poder manejar su propio negocio desde la casa? Piensen en la libertad que eso les ofrecería.

Se podrían vestir de la forma que quieran, siempre y cuando no tengan conferencias por Skype o GoToMeeting. Si los vecinos comenzaran a pasar a visitar, podrían decir que ahora trabajan desde casa y sugerir que se reúnan en horas no hábiles.

Sí, es un sueño para muchos hombres y mujeres el trabajar en casa. Sin importar en qué campo estén, el trabajar en casa podría ser una alternativa viable para los dos y su familia. Pero tengan en mente que, aunque un número creciente de compañías están permitiendo a los empleados trabajar desde su hogar como una opción más económica, todavía no son sus propios jefes.

Yendo un paso más adelante, parejas alrededor del planeta se están haciendo cargo de su situación, ganando independencia para ellos mismos y sus familias al unirse a la tendencia de operar su propio negocio en casa.

Han hecho el cambio a donde sea que puedan montar una oficina en su casa—algunas veces, comenzando en la mesa de la cocina o del comedor. Algunos han convertido un clóset o gabinete de computadora en una oficina compacta o quizá, convertido un cuarto libre o su garaje en oficina.

Puede que hayan observado que su cuarto familiar es enorme y con un sofá colocado estratégicamente, lo seccionan en un área familiar y un área de oficina. Algunos han transformado acogedoras habitaciones en espacios de oficina realmente fantásticos.

La tecnología hace que trabajar en casa sea mejor que nunca

La entrega en un día es grandiosa para productos, pero si lo que desean compartir rápidamente es solo información, ¿por qué esperar? Casi todos usan correo electrónico y mensajes de texto para comunicarse regularmente tanto con contactos internos como externos.

Los clientes o vendedores pueden imprimir anexos como PDF y otros documentos en segundos. Los teléfonos, tabletas, Google, canales RSS y las redes de medios sociales han revolucionado la manera que el mundo se comunica y hace negocios.

Es entendible que las compañías estén viendo que es más fácil tener a los empleados trabajando en oficinas virtuales en su propia casa, que tenerlos ubicados de forma central. La idea de trabajar en casa ha ganado tremenda popularidad y respeto. Los costos son más bajos, la satisfacción y la retención del empleado es mayor, así como la productividad es mejor.

Por lo tanto, ¿por qué no todos trabajan desde la casa?

Un negocio en casa—*el sueño de millones alrededor del mundo*

No hay duda de que trabajar desde el hogar puede agregar más calidad a tu vida diaria. No más desplazamientos estresantes durante la hora punta en todo tipo de climas. No más salir con prisa antes de que sus hijos se vayan a la escuela. No más no estar allí cuando llegan a casa.

Cuando nosotros comenzamos nuestro negocio, estábamos conscientes de que muchas parejas manejaban su propio negocio en una recámara extra. Más y más gente que solía trabajar para compañías más grandes e incluso algunos que trabajaban para compañías pequeñas, habían comenzado a usar sus oficinas en casa. La gente en ventas y los consultores, a través de los años, han operado su negocio desde su casa, desarrollando sus carreras y llevando su propio ritmo a su elección. Con pocos gastos generales, es la ruta menos costosa.

Eso fue lo que hicimos nosotros. Con Chuck como el único empleado, tuvo sentido convertir una recámara extra en una oficina completamente equipada con computadora, impresora, fax y teléfono de dos líneas.

Chuck

Al principio de nuestro negocio, yo acababa de salir de un ambiente típico de competencia feroz. Había sido vicepresidente de una agencia de publicidad de aproximadamente 60 personas, atrapado dentro de una estructura corporativa. Los dos departamentos que eran mi responsabilidad incluían como la mitad de la gente en la compañía. Yo estaba a cargo del manejo del día a día y además tenía responsabilidades de ventas básicas para generar un buen porcentaje de negocios nuevos.

Los días eran largos, algunas veces durando 14 horas. Una agencia de publicidad por lo general tiene dos tipos de empleados. Primero, está la gente creativa. Son más expresivos, visuales y verbales y con eso, tienen egos más frágiles que requieren más nutrimento.

Luego, tenemos a los que manejan las cuentas. Ellos suelen ser más firmes y enérgicos, más orientados a las metas y a los números; más afanosos y más directos; que requieren un reto. Yo manejaba un departamento de cada tipo.

Pasaba la mayoría de mi día solo haciendo lo mejor que podía para sobrevivir. Pasé mucho tiempo masajeando emociones en ambos lados. Pasaba otra parte de mi tiempo haciendo lo que hago peor—manejo corporativo. Me quedaba un poco de tiempo para hacer lo que hago mejor—crear y ejecutar ideas de publicidad para los clientes.

> *Cuando comencé, pensé que estaba en el cielo, puro y simple.*

Llegaba a casa exhausto todos los días, preguntándome si había logrado algo o no. Por lo tanto, la idea de trabajar en casa era muy atractiva. Cuando comencé, pensé que estaba en el cielo, puro y simple.

Comencé mi negocio durante la primavera. Por los primeros tres meses, no podía creer qué tan bueno era levantarme, ir a la oficina con pantalones cortos y una camiseta y comenzar mi día. Si tenía que ver a un cliente, me vestía, me reunía con él, regresaba a casa y luego, me cambiaba a los pantaloncillos cortos. Tomaba un largo almuerzo en la terraza, llevaba el perro a caminar cuando me daban ganas y tenía la cena lista para cuando Aprill llegaba a casa. Era grandioso.

La mayoría de la gente que considera trabajar en

su negocio en casa puede decir: «Oh, no sé cómo te sientes motivado para levantarte y empezar». Mi desafío era lo opuesto. Yo nunca paraba. Me gustaba trabajar todo el día. Mis largos almuerzos, descansos y caminatas con el perro rápidamente cesaron. Trabajaba, cenaba y luego trabajaba un poco más.

Llegaba a casa de donde sea que regresara, revisaba el fax y los mensajes de teléfono y si había trabajo que hacer, lo hacía en ese momento—ya sea que fueran las 8:00 o las 11:00 p.m. Adelántense al día de hoy, donde los teléfonos inteligentes, tabletas y laptops permiten hacer conexiones tan rápido y conveniente que es difícil parar alguna vez … al punto donde se puede hacer hasta adictivo seguir avanzando.

Por lo tanto, la precaución aquí es crearse límites para ustedes mismos. Asegúrense de incorporar tiempo personal con su cónyuge y familia. Se agotarán si trabajan todo el tiempo. Discutan esto con su esposo/a y lleguen a un acuerdo acerca de cómo operarán el negocio y la vida familiar para maximizar ambos.

Aparten un día de descanso y rejuvenecimiento cada semana...

Aparten un día de descanso y rejuvenecimiento cada semana, si es posible, de varias horas por lo menos. Tal como mencioné antes, creen una noche familiar. Salgan de la casa y hagan algo diferente. Equilíbrense lo mejor que puedan.

Aprill

Como muchas mujeres, había sido mi sueño trabajar

desde la casa. Hubiera sido maravilloso tener una carrera que pudiera prosperar con solo un escritorio en una esquina del cuarto familiar. Por lo tanto, cuando me uní a Chuck en el negocio, estaba contentísima de trabajar en casa en una recámara extra que habíamos convertido en oficina. No obstante, había tareas en la casa que necesitaban atención y yo me aislaba en el piso de arriba. Incluso con toda la casa en silencio, podía oír el refrigerador atrayéndome para bajar y descifrar lo que cenaríamos.

La gente que trabaja en casa necesita estar enfocada, seria acerca de su negocio, sin permitirse estar distraídos por cada pequeño ruido, tarea doméstica o pensamientos personales. Afortunadamente, aquellos que trabajan en casa generalmente no esperan recibir grandes números de gente visitando, puesto que no suelen tener un local para atención al público. La gente dedicada y concentrada con una llamada telefónica importante o enfocada en lograr algo, no le prestan atención al perro ladrando afuera.

Algunas personas necesitan disciplinarse para mantenerse en la oficina de su casa y concentrarse en los negocios. Necesitan ignorar las cosas personales que no son urgentes y que se pueden hacer más tarde durante el día. Las cosas que pasan en la casa pueden ser interesantes y distractoras, pero si se permiten involucrar en ellas demasiado, su negocio sufrirá. Pocas cosas son urgentes.

Si tengo tiempo de preparar una cazuela o de poner una carga de ropa en la lavadora en mi descanso del almuerzo, lo hago. Lo que sea la tarea, la pueden entremezclar en sus actividades diarias y todavía desempeñarse a un nivel óptimo, con una actitud profesional y confiada.

Pueden ir de solo relajarse a hacer tareas domésticas o fuera de casa, a hacerse cargo del negocio. Miren a una como si fuera un descanso de la otra. Se trata de ser flexibles y hacer malabarismos con las cosas, para que puedan adherirse a sus prioridades más altas cada día. Esto es clave para manejar un negocio exitosamente desde casa … y les da bastante libertad.

Puede que necesiten más espacio—*áreas designadas donde cada uno de ustedes puede trabajar cómodamente*

Unos amigos nuestros, una pareja casada, son ambos agentes de ventas externos para dos compañías diferentes. Los dos trabajan desde la casa, usando la misma pequeña oficina que fue convertida de una recámara. Los dos son profesionales magníficos, del tipo que tienen una exuberancia natural en sus voces cuando hablan con un cliente y los dos hablan alto y claramente.

Cuando los dos están en su propia línea de negocio cerrando un trato, haciendo citas y así por estilo, pueden ser bulliciosos sin darse cuenta. Sus gatos, incluso, a veces van al piso de abajo para esconderse bajo el sofá, pero el ruido no le molesta ni a uno ni al otro y evidentemente, tampoco a sus clientes.

En contraste, a nosotros nos disgusta si la radio o cualquier música está un poquito fuerte cuando estamos haciendo una llamada de negocios. El estar juntos en una pequeña área tampoco funcionaría para nosotros, porque Chuck necesita mucho espacio para extenderse. Lo compacto no es una virtud en su mundo de trabajo.

Algunos de los pesimistas pueden haber preguntado cómo pudieron estar plácidamente juntos todo el día, diciendo: «Yo no podría trabajar con mi esposo (esposa) en absoluto». Qué pena da que algunas personas no considerarán siquiera la idea de trabajar juntos, como no tienen la voluntad de dar a su cónyuge una oportunidad.

Qué pena da que algunas personas no considerarán siquiera la idea de trabajar juntos...

Los espacios de oficina designados de forma adecuada permiten que sean felizmente productivos juntos. Si cada uno de ustedes trabaja desde la casa y ambos necesitan su espacio, configuren áreas de oficina separadas, aunque sea un cuarto pequeño o parte de un área de comedor o área pequeña, como la mesa de la cocina.

O quizá elegirán ocupar la misma oficina o área en diferentes horarios. Solo sean de mente abierta y creativos. Si tienen poco espacio ahora, tal vez más adelante puedan expandirse. Por ejemplo, cuando uno de sus hijos se mude fuera de la casa, pueden expandirse y configurar una oficina en su viejo cuarto.

Otra pareja que conocemos renunció a su cuarto de huéspedes para que ella pudiera trabajar junto a la oficina de su esposo, la cual también había sido una recámara.

169

Tienen mucha interacción diaria mientras que colaboran estrechamente en varios proyectos, y ambos disfrutan de escuchar la misma música instrumental tranquila o edificante cuando están trabajando. Por lo tanto, estar cerca el uno del otro funciona realmente bien para ellos. Ocasionalmente, uno cerrará la puerta para hacer una llamada telefónica o quizá cuando necesiten concentrarse más completamente. Lo que más les gusta es trabajar en escribir libros, sinérgicamente, en su oficina.

Las excepciones a la regla

En algunos casos, tal vez no puedan trabajar en casa por la naturaleza de su negocio. Por ejemplo, si poseen una franquicia, como un McDonald's, definitivamente necesitan un local comercial. Si tienen clientes entrando y saliendo de su oficina o si tienen un salón de exhibición, puede que no sea posible o práctico trabajar desde la casa en su vecindario debido a la zonificación y otras razones.

Entonces, ¿cómo montarán su negocio?

No es tan desafiante como podría sonar decidir lo que es mejor para ustedes. Lo importante es observar lo que su negocio requiere y cómo sus estilos individuales se adaptan en sus planes, metas y visión para su negocio.

¿Requiere su negocio un local físico para atención al público, estacionamiento para empleados y clientes o un letrero? Si han puesto su corazón en eso y tienen la voluntad de trabajar fuera de casa, necesitarán buscar un espacio externo, incluso si uno o ambos siempre han soñado con trabajar en casa. Todavía podrían hacer algo de trabajo en casa, de forma remota con su computadora de la oficina si es necesario, siempre y cuando tengan una cobertura apropiada en su lugar de negocios.

Si quieren cambiar el traslado a una ubicación de negocios por la simplicidad y bajo costo de trabajar totalmente desde casa, necesitarán construir un tipo de negocio diferente. Quizá las ventas directas, usando comercio electrónico y medios sociales, les funcionará mejor a ustedes. Pueden hacer extraoficialmente hasta que tengan por lo menos un año de ingreso ahorrado y el ingreso de su nuevo negocio sea más que suficiente para mantenerse solo, a ustedes y a su familia. Luego, podrían vender su negocio tradicional y trabajar desde la casa.

Si su sueño es trabajar totalmente desde casa, su mejor apuesta es simplemente encontrar un negocio en casa que les guste y construirlo. Les ahorrará tiempo, dinero, angustia e irritación a largo plazo, dándoles más libertad.

Si todo lo que necesitan es trabajar en un lugar pequeño, como un armario vacío, tener un escritorio, un teléfono, una tableta, una laptop, una desktop o una impresora, entonces, pueden trabajar desde casa o prácticamente cualquier lugar.

Una vez que decidan lo que su negocio requiere, hablen sobre lo que sus estilos requieren. Puede que los dos quieran oficinas separadas. Sin embargo, no es factible hacer esto hasta que el negocio pueda pagarlo. Hasta entonces, hagan lo mejor que puedan con lo que ya tienen.

Para algunas industrias, un negocio en casa es definitivamente la mejor manera de hacerlo. Siempre y cuando ustedes traten a sus clientes y vendedores bien y ellos puedan estar en contacto por teléfono, mensaje de texto y correo electrónico con ustedes, no les importa dónde se localice su empresa. Si su negocio no requiere espacio comercial y tienen suficiente disciplina para trabajar desde el hogar, se acaban de ahorrar mucho dinero en renta y otros gastos, incrementando su rentabilidad.

Consideren las siguientes cuestiones acerca de su estilo y necesidades:

1. **¿Cómo les gustaría que se viera la oficina de sus sueños?** Visualicen cómo quieren que se vea y funcione y luego hagan que ocurra, de acuerdo con su presupuesto. Por ejemplo, digamos que ahora están profundamente en deudas y no es un buen momento para comprar un nuevo escritorio. Usen la mesa de su cocina. Luego, cuando tengan algo de dinero extra, busquen un escritorio usado.

2. **Averigüen qué herramientas y suministros pueden ayudarles a ser exitosos** tales como audios educativos y motivacionales, así como videos, folletos y libros.

3. **Descubran a qué sesiones de entrenamiento, seminarios, seminarios en línea, teleconferencias y convenciones** pudieran asistir, así como otras oportunidades de aprendizaje que estén disponibles.

4. **Busquen ayuda en cómo entrenarse** para enfocarse en las prioridades de su negocio. Pidan

ayuda en cómo fijar límites que les funcionen a ustedes y a su familia. Pueden lograr que su negocio en casa sea un éxito al aprender cómo hacer malabarismos con las responsabilidades del hogar y las responsabilidades del trabajo. Esto les ayudará a crecer, expandir su negocio y prosperar.

5. **¿Necesitan una oficina en casa para que puedan estar con sus hijos** en lugar de pagarle a alguien más para que los cuide durante el día? ¿Le gustaría a su familia tener una oficina en la casa para estar en casa mientras trabajan? Si es así, hagan lo que sea necesario para que ocurra.

Eso es mucho para pensar. Para ver los resultados, necesitan cambiar su mentalidad, su actitud y sus hábitos. Sean pacientes con ustedes mismos a medida que hacen la transición al trabajo, quizá, a tiempo completo en casa. Descubrirán cómo ustedes y su familia pueden funcionar más efectiva y placenteramente juntos. Véanlo como una aventura creativa. Celebren cada paso como un cambio positivo y compartan lo que están aprendiendo con otros que también quieren salir de su rutina diaria. ¿Por qué no compartir este libro con ellos? Podría realmente ayudar.

«El amor no es solamente mirarse el uno al otro, es mirar juntos hacia la misma dirección».

—Antoine de Saint-Exupery

12

Más beneficios de trabajar juntos

Nunca imaginamos que nuestro matrimonio pudiera ser tan maravilloso

Hemos presentado muchos beneficios de trabajar juntos como marido y mujer, y posiblemente hasta con sus hijos—llevamos 11 capítulos. Ustedes pueden tener un aspecto favorito, tal como un horario más flexible y la libertad de controlarlo; o una vez que los gastos del negocio estén pagados, el dinero va directamente a ustedes, a su familia … y a nadie más; o quizá es que ustedes pueden crear una vida y una empresa juntos que no podría lograrse de forma tan productiva y dichosa si hubieran trabajado de forma separada. Todas son ventajas apasionantes.

Aquí hay una lista de aún más razones grandiosas por las que disfrutarán trabajar juntos, construyendo un negocio con su cónyuge. Puede que ustedes también tengan sus propias razones para agregar a esta lista. Disfruten.

• Pueden abrazarse y besarse cada vez que quieran.

- No tienen que avergonzarse si se quedan en el baño de la «compañía» por un largo tiempo.

- Pueden tomar un día de «vacaciones», sin llevar el control de cuántas les quedan.

- Pueden hablar de lo que quieran, cómo qué comer o dónde ir a cenar, mientras trabajan en su negocio.

- Si toman un almuerzo largo para ir de compras durante los días festivos, o para un cumpleaños o boda, no hay un jefe o compañeros de trabajo que los miren de forma desaprobatoria cuando regresan.

- Si necesitas un abrazo, puedes pedirlo y obtenerlo.

- Si verdaderamente necesitas un abrazo, ¡probablemente ni siquiera necesitas pedirlo!

- No tienes que estar avergonzado si tienes desafíos digestivos.

- Pueden llamar y hablar con su doctor, sin la necesidad de privacidad.

- El café se hace justo de la manera como les gusta.

- Pueden platicar, el uno con el otro, todo el día.

- Pueden platicar, el uno con el otro, toda la noche.

- Pueden hablar el uno con el otro acerca de asuntos del hogar y personales durante el día.

- Pueden platicar el uno con el otro acerca del negocio, después de las horas de trabajo.

- No tienen que impresionar a sus compañeros de trabajo con nueva ropa, joyería o zapatos.

- Ni siquiera tienen que usar zapatos.

- Pueden tomar tiempo libre del negocio para hacer obras de caridad, si es que pueden darse el lujo y ambos están de acuerdo en que es apropiado.

- Nadie puede tomar su espacio de estacionamiento.

- No tienen preocupaciones acerca de si las cosas en su escritorio, pared o pizarrón de boletines son demasiado personales o demasiado orientadas a la familia o consideradas demasiado «acarameladas». Ustedes pueden ser ustedes mismos y expresarse de la forma que quieran.

- Su(s) hijo(s) pueden venir a la oficina.

- Su(s) mascota(s) pueden venir a la oficina.

- Pueden escuchar la radio cuando quieran y si hay una canción que los haga bailar o cantar, son libres de hacerlo.

- Si desean escuchar música clásica, jazz o rock, todo en la misma mañana, pueden hacerlo.

- Si falta algo que quieran comer o beber del refrigerador de la «compañía», no se tomará mucho tiempo para descifrar quien lo tomó.

- Puesto que tomaron juntos el desayuno, ya saben si su compañero(a) de trabajo necesita ayuda para hacer un ajuste de actitud ese día.

- Si no tienen una buena fotografía de su cónyuge o familia en su escritorio, está bien, pero sería bueno tener una.

- Pueden sentirse libres de usar el dinero suelto como sea necesario, para los gastos del negocio.

- Pueden usar pantaloncillos cortos.

- Pueden usar bragas o pijamas.

- No tendrán problema en encontrar un lugar lo suficientemente grande para organizar las fiestas de la compañía y otras celebraciones.

- Si tu silla es demasiado incómoda para tomar una siesta en ella, puedes estirarte en el piso o dirigirte a la habitación.

- Pueden hacer y recibir llamadas personales cuando sea que lo elijan.

- No tienen que preocuparse acerca de que los despidan, los descansen o reduzcan el personal.

- Nunca tienen que llamar al trabajo por enfermedad.

- Pueden tomar un descanso cuando quieran.

- Nunca tienen que estar preocupados acerca de que la solicitud para tomar vacaciones o tiempo libre no sea aprobada.

- Están en una mejor posición para lidiar con cualquier emergencia familiar o de la casa que pudiera surgir.

- Pueden tener un «viernes de ropa casual» cualquier día que lo deseen.

En resumen, el construir un negocio juntos con su cónyuge (y posiblemente, con sus hijos) les da una gran libertad personal y el tipo de flexibilidad que no pueden tener de ninguna otra manera … y podría ser una de las mejores cosas que hagan alguna vez.

13

¡La jornada emocionante y liberadora ... dejando nuestros trabajos atrás!

¡En sus marcas, listos, fuera!

Si son serios acerca de tener su propio negocio, empiecen a tomar acción. Como con muchas otras cosas, hay diferentes formas de comenzar.

Como marido y esposa, pueden verse impactados por varios factores al empezar su negocio. Casi todos están vinculados a su respuesta a una sola pregunta importante: ¿Qué tan bien están preparados para financiar o modificar su estilo de vida actual—sus obligaciones financieras a corto y largo plazo y los costos para comenzar su compañía de reciente creación?

Al principio, la mayoría de nosotros daríamos la misma respuesta: «No estamos lo suficientemente protegidos, financieramente, para renunciar a nuestros empleos del día y vivir sin un ingreso, mientras trabajamos hacia construir un negocio redituable». Sí, la mayoría de los dueños de negocios en ciernes necesitan mantener sus empleos actuales.

Incluso, si uno de ustedes o los dos pueden dejar

sus empleos de tiempo completo, sería más sabio construir su negocio aparte hasta que estén en una posición financiera que sea más sólida.

Para la mayoría de las familias, la mayor parte de su ingreso es usado para financiar su estilo de vida. ¿Son ustedes parte de este grupo? Sin importar su ingreso, ¿se utiliza casi todo para pagar la hipoteca o la renta, vehículo(s), alimentos, servicios públicos, otras necesidades personales y de la casa, pasatiempos, entretenimiento, vacaciones y educación? Todas estas cuestiones y cualesquiera otras pueden constituir su estilo de vida.

Dependiendo de su situación financiera, el comenzar un negocio puede requerir que ustedes hagan algunos ajustes con respecto a cuánto gastan en su estilo de vida. Sin importar cómo elijan comenzar a construir su negocio, poner las siguientes ideas en acción puede ayudarlos financieramente.

Recuerden que la mayoría de los conflictos en los matrimonios ocurren por la **falta** de dinero. Mientras que el dinero no es la clave de la felicidad, mejorar su situación financiera beneficiará su vida conyugal. También les dará más opciones.

> *Recuerden que la mayoría de los conflictos en los matrimonios ocurren por la FALTA de dinero.*

Ajusten sus gastos de casa—Conserven su efectivo

Esto es más simple de lo que suena. Comiencen por poner sus gastos de la casa en tres categorías …

A. Impuestos. Tomen en consideración cualesquiera impuestos que se les requiera pagar de su ingreso, así como de bienes raíces, escuelas o lo demás por lo que se tenga que pagar impuestos. Verifiquen con su preparador de impuestos si tienen alguna pregunta.

B. Gastos esenciales. ¿Cuánto es lo mínimo que necesitan gastar cada mes para sobrevivir? Las cosas en esta categoría pueden incluir: alimentos preparados y consumidos en casa; suministros de la casa y personales; vehículo(s) y gastos asociados; transporte público; ropa y zapatos para el trabajo y/o escuela; servicios públicos; pagos de hipoteca o renta; medicamentos prescritos; gastos médicos; seguro de la casa o apartamento y seguro de vida o médico.

C. Gastos no esenciales. Esta es el área más importante para escrutinio. Algo de lo que gastamos para mantener nuestro estilo de vida cae en la categoría de no esenciales. Puede incluir: entretenimiento; objetos de lujo; vacaciones; ropa costosa; vehículos caros e incluso, comer fuera, sin importar si son restaurantes costosos o de comida rápida. ¿Por qué? Porque no son esenciales para sobrevivir.

Un filete de entrecot de 8 onzas y de alta calidad, con una papa horneada, una ensalada y postre puede costar de 300 a 400% más si lo disfrutan en un bonito restaurante que comiéndolo en casa. El pedir prestada una película de su biblioteca local es gratis, mientras que rentarla puede ser un 10% del costo de llevar a una familia de cuatro al cine, sin mencionar el alto costo de las bebidas y bocadillos.

Los vehículos nuevos típicamente son costosos. ¿Para

qué asumir esa deuda y esos gastos cuando puede que tengan uno que tiene seis años, está pagado y todavía le queda mucha vida de funcionamiento? Si es solo el motor que está mal, podrían reemplazarlo por un costo mucho menor al de comprar un vehículo nuevo. Si verdaderamente necesitan otro vehículo, ¿por qué no comprar uno usado de tres a cuatro años y en buena condición que ya esté altamente depreciado?

En nuestro caso, teníamos demasiadas obligaciones financieras y no suficientes ahorros como para simplemente renunciar a nuestros empleos y comenzar nuestro negocio juntos. Habíamos elegido el estilo de vida del consumo libre de finales del siglo XX—un estilo de vida por encima de tu ingreso. Es la mentalidad de gastar más de lo que ganas porque piensas que siempre puedes ganar más y pagar después. No obstante, las deudas siempre tienen una forma de amontonarse, poniendo en riesgo el futuro.

> *...las deudas siempre tienen una forma de amontonarse, poniendo en riesgo el futuro.*

Cuando finalmente despertamos financieramente y dividimos nuestro ingreso de la casa en las tres categorías antes mencionadas, encontramos muchas áreas en las cuales pudimos recortar gastos....

1. No comer tan seguido fuera, como era nuestro hábito hacerlo. Comer afuera es costoso y generalmente, engorda y suele ser menos nutritivo que las comidas caseras. Nosotros mantenemos varias comidas fáciles de preparar en la alacena y el congelador para que, si nos enfrentamos a un desafío tras otro, la cena no se convierta en uno de ellos.

2. Seleccionamos nuestro entretenimiento cuidadosamente. En el pasado, si algún concierto, obra de teatro o evento especial en el área atraía nuestro interés, íbamos. No nos importaba el costo. Algunas veces, nos íbamos después de dos actos de una obra y hubo otros momentos en que uno de nosotros disfrutaba el concierto, mientras que el otro no estaba demasiado entusiasmado. Teníamos abonos de temporada para un equipo deportivo profesional y acudíamos a menos de la mitad de los juegos.

Al observar detenidamente lo que estábamos haciendo, nos dimos cuenta de que estábamos perdiendo mucho tiempo y dinero. Ahora somos más selectivos con los eventos a los que asistimos, sopesando el valor del entretenimiento para los dos contra el precio de admisión y el valor de nuestro tiempo. Como uno de nuestros beneficios, apreciamos y disfrutamos las cosas a las que sí asistimos más completamente.

3. Controlar mejor nuestras contribuciones caritativas. Casi cada organización mayor de recaudación de fondos tiene un buen cuento. Puede que se sientan culpables al no responder cada llamada telefónica, o correo electrónico o postal de solicitud cuando los reciben. Por lo tanto, puede que piensen: «Solo les enviaremos algo de dinero, ¿cómo puede posiblemente afectarnos?» Si hacen eso dos veces al mes o más y luego suman todas sus donaciones a la iglesia y cualesquiera otras contribuciones que hagan, pronto estarán asombrados de cuánto dinero están regalando. Nosotros tuvimos que ponernos algunas reglas.

Cada año, decidimos cuáles cinco organizaciones, aparte de nuestra iglesia, recibirán algo de nuestro dinero. Ahora que nuestro negocio es exitoso, también nos damos el lujo de dar algo de nuestro tiempo, si deseamos, a otras organizaciones aparte de esas cinco. Recuerden: Su tiempo y dinero son preciosos, especialmente cuando están construyendo un negocio. Tengan cuidado en cómo lo invierten.

Sí, puede ser difícil decirles no a los alumnos en el vecindario y a sus solicitudes para recaudación de fondos. Por lo tanto, incluimos una pequeña cantidad de dinero en nuestro presupuesto para cubrir esas donaciones. Entonces, cuando piden, podemos decir sí.

En su caso, puede que necesiten limitar sus contribuciones caritativas, para que puedan invertir su dinero en su negocio. O pueden necesitar eliminar algunas deudas costosas como saldos de tarjetas de crédito y pagos de carro.

Nosotros ahora mantenemos un registro de qué, cuándo y cuánto donamos cada año. Esto nos hace sentir mejor acerca de donar, puesto que estamos invirtiendo tiempo para decidir qué causas son más importantes para nosotros. Como resultado, ahora nos sentimos más parte de las organizaciones que reciben nuestros cheques. Es más gratificante.

4. Nos mantenemos responsables. Es un esfuerzo constante asegurarnos de que nuestro estilo de vida se adapte a nuestro ingreso. A diferencia de un cheque de pago regular, el ingreso del trabajo independiente varía. Puede parecer fácil justificar el comprar ese aparador antiguo que han deseado cuando finalmente logran esa gran cuenta, hacen una gran venta o avanzan al próximo nivel en su negocio.

Sin embargo, puesto que en dado caso no hayan tenido un buen volumen de ventas este mes, ese dinero mejor debería usarse para pagar el saldo de la tarjeta de crédito. No quieren encontrarse al final del año preguntándose: «¿A dónde se fue todo nuestro dinero?».

Miren su ingreso total vs. gastos totales. Pueden estar desilusionados cuando se den cuenta de que este no es el año para comprar ese sillón de piel que siempre han deseado, pero el beneficio es que no estarán hundiéndose en más deuda. Disciplínense al esperar para comprar hasta que el saldo de su tarjeta de crédito esté en ceros y hayan ganado efectivo extra, sin poner en peligro su negocio.

Hacer compras más inteligentes de alimentos y ropa

Puede que gasten mucho dinero extra, innecesariamente, en la tienda de alimentos cada semana y se sientan bien acerca de ello porque todos tienen que comer. Sin embargo, ¿necesitan todos esos alimentos empaquetados y precocinados?

Hay formas fáciles de cortar gastos de la casa, especialmente en víveres, al tomar ventaja de los cupones, rebajas, marcas genéricas o supermercados tipo depósito. Sean inteligentes acerca de sus gastos y cómo pueden ahorrar. Después de todo, ustedes son los que han trabajado duro para ganar su dinero. No lo malgasten.

Como la mayoría de las mujeres, a Aprill le encanta hacer compras en las tiendas de moda con descuentos o tiendas de liquidación, en línea o no, durante sus ventas de fuera de temporada. Compra ropa de primavera durante el otoño y viceversa. Ella gasta solo una fracción de los precios normales y, sin embargo, puede llegar a casa con tres blusas, una falda, un vestido y un par de zapatos.

Observen sus propios hábitos con respecto a lo que gastan en la ropa. Puede que tengan que apegarse a un presupuesto, comprar de una tienda de consignación o usar la ropa y zapatos que tienen por un periodo mayor de tiempo. Mantengan un registro de esos gastos por unos cuantos meses y el cuadro se hará más claro.

Libertad de dar un paseo por la «plantación» ... *en el momento que quieran*

Las tardes más cálidas y de mayor luz de día de primavera y verano, damos un paseo por nuestra «plantación». Si nos detenemos para hablar, señalar nuestro paisaje o lanzarles un palo a los perros, nos lleva como diez minutos caminar alrededor del perímetro de nuestro patio trasero. A un ritmo normal, puede llevar solo 30 segundos.

La libertad de pasear por la «plantación», cuando queremos, nos recuerda qué tan importante es realmente y que apreciamos lo que podemos pagar. Es más que bien no vivir en una mansión y tener una deuda enorme.

Después de todo, mucha gente en el mundo ni siquiera tiene un hogar, mucho menos un patio trasero.

Cuando pensamos acerca de un baño principal de nuestros sueños que nos encantaría tener, la piscina que imaginamos o hasta una casa en la playa, tomamos en cuenta nuestro ingreso y estamos agradecidos por nuestra libertad personal. Nos

Recuerden: No necesitan impresionar a nadie.

sentimos bendecidos cada vez que nos estacionamos en la cochera o entramos a la recámara que ha sido convertida en una oficina de hogar.

Cuando se vence el pago de la hipoteca, es fácil pagarlo. Nos rehusamos a vivir más allá de nuestros medios, puesto que podría poner en riesgo nuestro negocio, sin mencionar nuestro sentido de bienestar. La gratificación instantánea de compra ahora y paga después lleva a una angustia a largo plazo, removiendo el placer de tener lo que sea que hayan comprado. Simplemente no vale la pena.

¿Cómo está su «plantación»? ¿Es demasiado para ustedes? ¿Están viviendo más allá de sus medios para impresionar a otros o tienen la necesidad de encajar, debido a que perciben presión de sus amigos? Como ya sabrán, nadie más paga sus cuentas y a casi nadie más le importa cuántas deudas tengan. Ellos tienen sus propios problemas.

Recuerden: No necesitan impresionar a nadie. La gente que verdaderamente los quiere, desea que tengan tranquilidad; los aprecian y quieren por lo que son y no por la casa que habitan.

Hay «plantaciones» más adecuadas y asequibles a las que pueden mudarse si pagar su hipoteca mensual es una batalla.

Disminuyan el tamaño si es necesario; el estar pobre debido a pagar una gran casa conduce a estrés y aflicción en el matrimonio y en el negocio y puede, posiblemente, llevar a una caída financiera.

> *Disminuyan el tamaño si es necesario...*

Cuando caminen por su «plantación», consideren cómo pueden reducir costos. ¿Existen formas de minimizar sus facturas de servicios públicos? ¿Tienen una suscripción de cable o televisión satelital costosa que pudieran reducir a un servicio básico o eliminarlo en su totalidad? ¿Es el tener todos esos canales tanta tentación que los distrae de conducir su negocio? ¿Está su familia en un plan telefónico de alto costo?

¿Están haciendo todo lo que puedan en casa para ahorrar energía, como: usar focos/bombillas eficientes en energía; manteniendo las luces apagadas en áreas y habitaciones que no están ocupando; ajustando su termostato para producir menos calor o aire acondicionado, especialmente cuando estén durmiendo o estén fuera de casa; envolviendo su calentador del agua con extra aislamiento y conectándolo a un temporizador; metiendo solo cargas completas en la lavadora de trastes, el lavarropa y la secadora; y reemplazando sellos gastados en puertas y ventanas? Estas prácticas son buenas para el ambiente y lo que ustedes ahorren en costos de servicios cada mes realmente puede sumar.

¿No sería buena idea pagar a un niño vecino o a alguien más para que corte el césped por una tarifa razonable, especialmente si sus propios hijos no son lo suficientemente grandes para hacerlo? ¿Qué tan valioso es su tiempo? ¿Podría ser mejor invertido trabajando en su negocio? Piensen en lo que podrían lograr mientras les están cortando el césped. Admítanlo. Probablemente no disfruten cortar el césped de todas maneras, ¿verdad? Enfóquense en lo que quieren.

Los impuestos sobre la renta

Vemos los impuestos como una renta asequible para vivir en este país. Sin importar dónde vivan en el mundo, podrían verlo de la misma manera. Incluso, si no lo consideran un costo bajo, es algo que no tienen mucha posibilidad de poder cambiar. Por lo tanto, solo acéptenlo y tomen cualesquier deducciones a las que legalmente tengan derecho.

Cuando nosotros estábamos empleados en nuestros viejos empleos, nuestros impuestos eran automáticamente deducidos de nuestros cheques de pago, pero cuando ustedes tienen su propio negocio, tienen que hacerse cargo de eso ustedes mismos. Aquí, en los Estados Unidos, pagamos un estimado de impuestos trimestralmente. Esto puede ser diferente en su país, pero siempre y cuando generen un ingreso que exceda sus gastos, tendrán que pagar impuestos.

Insistan en ahorrar para esto. Se acostumbrarán y se convertirá en un nuevo hábito.

Esto es lo que hacemos nosotros: Puesto que deberemos impuestos sobre cada cheque de ingreso que nos pagamos, hemos descubierto que es más fácil tomar la cantidad apropiada de cada cheque (cantidades y porcentajes están disponibles de las autoridades de impuestos). Ponemos el dinero en una cuenta separada y luego depositamos el resto para nuestros gastos regulares. Ustedes pueden elegir hacer el depósito semanal, mensual o trimestral, antes de que venzan sus impuestos. Luego, cuando llegue el tiempo de los impuestos, tendrán el dinero.

Hemos tenido amigos que no apartaron dinero a menudo para los impuestos y luego tuvieron que escribir un cheque ENORME en el momento de los impuestos, afanándose por cómo cubrirlo. Hemos conocido a otros que creyeron que no tenían que pagar impuestos y perdieron su casa, vehículos, buen crédito y pasaron tiempo en la cárcel.

No tiene que gustarles. Pueden quejarse todo lo que quieran. Pueden enfadarse acerca de lo injusto del caso y sentirse miserables. O bien pueden sonreír porque tienen un negocio rentable y creciente. Sin embargo, sin importar la actitud que elijan tomar, siempre paguen sus impuestos.

Ese primer paso

Una vez que nos comprometimos a ajustar nuestro estilo de vida para que esté conforme con lo que debió haber sido desde el principio, algo interesante ocurrió.

No podíamos esperar para comenzar nuestro negocio y podíamos hacer algún progreso para avanzar todos los días. Gracias a Dios, tuvimos varias opciones....

El método «del inversionista/propietario»

Solo un cónyuge está empleado, ganando más que el ingreso suficiente para cubrir todos los gastos, casa, familia y negocio y asume la función de «inversionista». El que está sin un empleo, se dedica tiempo completo a la empresa, de esa manera, asumiendo la función de «propietario».

Mientras que la mayoría de las parejas no están en esta categoría, algunas lo están. Verifiquen con un asesor confiable antes de seguir adelante.

Los pros

El propietario está enfocado en hacer del negocio un éxito.

Hay un ingreso substancial de una fuente externa, eliminando el temor del riesgo financiero.

Hay un periodo transicional del 100% del ingreso de empleo, a 100% del ingreso de trabajo independiente.

Los contras

Menos asociación e interacción inmediata.

Algunos ajustes de las rutinas familiares normales pueden requerirse, al igual que con otros cambios en la vida.

Claves para el éxito

El cónyuge propietario no es solo el CEO, sino que él

o ella puede ser recepcionista, mensajero y conserje también. Hacen pequeñas decisiones diarias, mientras que tanto el cónyuge «propietario» como el cónyuge «inversionista» toman decisiones mayores juntos.

Tanto el propietario como el inversionista necesitan tener metas, así como un simple plan transicional.

Mantengan una relación excelente. Cuando surja un reto, ambos cónyuges necesitan tomar un enfoque profesional y no tomar ninguna discusión desafiante relacionada al negocio como una afrenta personal. Si uno de ustedes está reacio, esa persona debe elevarse sobre cualquier sentimiento personal y responder de una manera profesional, haciendo lo que sea necesario para hacer que funcione. Como bono, esta actitud también ayuda en el matrimonio.

El método «no renuncien a sus trabajos actuales»

Este es el enfoque más viable y realista para la mayoría de las parejas. Ambos cónyuges mantienen sus trabajos de tiempo completo y trabajan juntos, por ejemplo, en su negocio personal en las noches o fines de semana.

Pros

El ingreso continuo de dos empleos para respaldar la casa, familia y el negocio. Con planeación apropiada, es virtualmente imposible quedarse corto en las finanzas.

Asociación inmediata y objetivos compartidos.

Una transición más gradual del 100% empleados a 100% trabajadores independientes permite a la familia acostumbrarse al negocio.

Contras

La energía y la concentración sobrante se dedica al emprendimiento del negocio.

Pueden ser necesarios algunos ajustes a las rutinas familiares, al igual que con muchos otros cambios en la vida.

Claves para el éxito

La pareja necesita hacer y respetar un acuerdo entre uno y otro; uno que asegure que sacrificarán tiempo personal y de ocio por causa del bienestar y crecimiento del negocio.

La pareja necesita tener una meta y un plan transicional simple en curso para cuando el negocio deje de ser un emprendimiento de medio tiempo y de horas no hábiles y se convierta en una empresa de tiempo completo. Esto probablemente implicará que un cónyuge renuncie (o se retire) de su empleo primero y se convierta en tiempo completo cuando sea financieramente prudente hacerlo. Quizá entonces, el otro cónyuge también pueda hacer lo mismo.

El método del «socio de medio tiempo»

Un cónyuge mantiene su trabajo de tiempo completo, trabajando en el negocio medio tiempo, mientras el otro trabaja tiempo completo en el negocio. Nuevamente, esto puede ser factible para parejas que puedan, de forma segura, darse el lujo de hacer esto, donde el ingreso del cónyuge trabajando sea más que suficiente para respaldar la casa, la familia y los gastos del negocio.

Ambos pueden edificar su negocio juntos por las noches y durante los fines de semana. Esto les permitirá expandir su negocio más rápidamente. Puede que deseen verificar con un asesor financiero antes de que sigan adelante.

Pros

Una persona está enfocada a tiempo completo en el éxito del negocio.

Ingreso sustancial y continuo de una fuente externa, eliminando el temor del riesgo financiero.

Asociación inmediata y objetivos compartidos.

Permite un periodo transicional de 100% empleado a 100% independiente suficiente para evitar mucho riesgo.

Contras

Algunos ajustes a las rutinas familiares normales pueden ser necesarios, al igual que como cuando ocurren cambios en otras áreas de la vida.

Un cónyuge maneja responsabilidades tanto del empleo como del negocio, mientras el otro se dedica tiempo completo al negocio.

Claves del éxito

El socio de medio tiempo necesita estar comprometido en ver el negocio como una prioridad.

Para máximos resultados, ambos socios necesitan ver el negocio como su fuente futura de ingreso.

¿Cuál es la mejor opción para USTEDES?

Puede que haya otras opciones, pero el método de *no renunciar a sus trabajos de tiempo completo* es el más seguro. Tal como compartimos antes, elegimos el primer método—la relación inversionista/propietario. Simplemente no teníamos suficiente dinero para comenzar y respaldar el negocio sin mantener por lo menos un ingreso de trabajo. Todavía debíamos pagar la hipoteca, nuestros gastos de casa y otros. No queríamos rozar con poner en riesgo nuestras finanzas personales o nuevo negocio.

¿Cuál es su sentido de todo esto? ¿Qué les está diciendo su instinto acerca de sus más grandes posibilidades de triunfar? Solo ustedes pueden hacer la decisión final en cuanto a lo que su situación financiera pueda, de forma realista, soportar. ¿Qué es lo mejor para ustedes y su familia en términos de integrar su(s) empleo(s), negocio y vida? Si no están seguros, probablemente sería una buena idea hablar con un mentor, líder o asesor financiero que pueda ayudarlos a trazar y evaluar su situación.

¿Están listos para esforzarse por lograr la vida que quieren, construyendo un negocio en casa juntos? Incluso si uno de ustedes está reacio, que el otro tome la iniciativa y vaya avanzando de cualquier manera. De otra forma, quizá lo lamenten después, siempre preguntándose y nunca sabiendo que tan grandioso hubiera sido su matrimonio y vida.

Seguro, es un gran paso, pero ustedes sin lugar a duda han dado otros grandes pasos en su vida como, por ejemplo: ir a la universidad, casarse, comprar una casa, tener hijos, mudarse y cambiar de empleo. Todos necesitaban valor, pero ustedes lograron armarse del mismo porque deseaban más éxito y felicidad.

A pesar de los desafíos, ¿no están felices de haber hecho las elecciones más duras de su vida? ¿No fue el lograr estas metas lo que logró su crecimiento? ¿Querrían, alguna vez, regresar a la forma como estaban las cosas antes de que avanzaran?

¡Ahora, sigan adelante y lógrenlo! Comiencen a trabajar para lograr un futuro más brillante para ustedes y su familia. El construir un negocio juntos agregará una nueva dimensión apasionante para su matrimonio y vida familiar que la mayoría de las parejas nunca entenderá … a menos que lo hagan ellos mismos.

¡Sí! Pueden de forma armoniosa y exitosa manejar un negocio en casa … tal como nosotros lo hemos hecho. La gente alrededor del mundo lo están haciendo y ustedes también pueden hacerlo.

Les deseamos mucho éxito, felicidad y gozo; a medida que hacen su matrimonio mucho mejor que nunca, y a la misma vez logran que más cosas buenas sucedan en su vida … ¡al trabajar juntos de una forma feliz y exitosa!

¡Ahora, sigan adelante y lógrenlo!
Comiencen a trabajar para lograr un futuro
más brillante para ustedes y su familia.
El construir un negocio juntos agregará
una nueva dimensión apasionante para su
matrimonio y vida familiar que la mayoría de
las parejas nunca entenderá ... a menos que
lo hagan ellos mismos.

Reconocimientos

Gracias le damos a Dios, nuestro Padre, quien ha bendecido nuestra vida juntos en formas que nunca pudimos imaginar.

Gracias a nuestros padres por el amor y disciplina con la cual nos criaron y el aliento para desarrollar nuestros talentos y dones en un ambiente protegido y seguro.

Gracias a Cindy, Jason y Ran por todos los momentos divertidos, las risas y lecciones de vida, y gracias a todos nuestros amigos que han sido nuestros animadores, fuentes de nuestro aliento y mejores amigos.

Gracias a Mike y Marjie, un gran equipo de marido y mujer, quienes no solo son nuestros editores, sino también compañeros de equipo y amigos sinérgicos. Sin sus habilidades literarias, de desarrollo personal y promocionales, logradas a través de décadas de manejar su negocio en casa, el mundo nunca hubiera conocido el poder de *13 secretos para parejas que desean construir un negocio en casa* ni experimentado sus beneficios duraderos. Son espíritus afines en la búsqueda de ayudar a las parejas a mejorar sus relaciones, vidas familiares y situación financiera, al trabajar juntos en construir su negocio.

Aprill: Gracias a mis maestros de inglés en Warren County Senior High, particularmente a Douglas Reed y Elizabeth Womack. Ustedes vieron en mí un talento y su reconocimiento de eso ha sido una fuente de inspiración en toda mi vida.

Chuck: Gracias a mi profesor Richard Joel, quien me ayudó a encaminar mi carrera hacia la dirección que está yendo, todavía, hasta este día. Gracias a Donald Hileman, quien me alentó a «ir lejos, hacer mucho y nunca temer a la aventura».

¿Quiénes son Chuck y Aprill Jones?

Chuck tiene una licenciatura en comunicaciones de la Universidad de Tennessee, Knoxville. Se unió a Garden Way Inc., en Troy, New York, un fabricante de maquinaria de jardinería, en 1983. Después de tres años y medio allí, se unió a Washburn Direct Marketing en Charlotte, North Carolina, llegando a ser Vicepresidente de Servicios Creativos, antes de salir en 1992 para formar Chuck Jones Direct Response. Es un miembro activo de la Iglesia de Cristo en Providence Road, donde sirve como ministro de música y está involucrado en los esfuerzos de misión de la iglesia en la Ciudad de los Niños en Ensenada, México.

En su tiempo libre, pasa tiempo en calidad y cantidad con Aprill y sus perros Elmo y Stu y un gato llamado Big Orange; disfruta todo tipo de música, toca la guitarra y el piano y ocasionalmente, puede encontrarse tocando en varios lugares de música de Charlotte. Le encanta viajar, especialmente a los parques nacionales del oeste de los Estados Unidos, y es un gran aficionado de los Volunteers de la Universidad de Tennessee, campeones nacionales del fútbol americano.

Aprill tiene una licenciatura en inglés de la Universidad Estatal de New York. Comenzó su carrera en una organización de mantenimiento de la salud en el norte de Nueva York, antes de mudarse a Charlotte, North Carolina en 1987. Fue una agente de seguros por seis años y medio hasta que se unió en el negocio con su esposo, Chuck, e hizo lo que siempre había querido—escribir y trabajar de forma independiente.

Es también una miembro activa en la Iglesia de Cristo en Providence Road, y está involucrada con el ministerio de música, es ministra líder para las Mujeres Cristianas en el Lugar de Trabajo y también participa en los esfuerzos de misión de la iglesia para la Ciudad de los Niños. Además de pasar tiempo con Chuck, también disfruta leer, hacer jardinería, ejercitarse, amar a sus perros y a su gato y el excursionismo en parques nacionales y en todo el país.

¡Sí! Pueden de forma armoniosa y exitosa manejar un negocio en casa, tal como nosotros lo hemos hecho. La gente alrededor del mundo lo están haciendo y ustedes también pueden hacerlo.

Les deseamos mucho éxito, felicidad y gozo, a medida que hacen su matrimonio mucho mejor que nunca, y a la misma vez logran que más cosas buenas sucedan en su vida ... ¡al trabajar juntos de una forma feliz y exitosa!